KB054139

일

어떻게 할 것인가

楽しくなければ仕事じゃない (干場 弓子)

TANOSHIKUNAKEREBA SHIGOTOJYANAI

Copyright ⓒ 2019 by Yumiko Hoshiba

Original Japanese edition published by TOYO KEIZAI INC., Tokyo, Japan

Korean edition published by arrangement with Yumiko Hoshiba

through Japan Creative Agency Inc., Tokyo and Danny Hong Agency, Seoul.

이 책의 한국어판 저작권은 대니홍 에이전시를 통한 저작권사와의 독점 계약으로 스노우폭스북스에 있습니다.

저작권법에 의해 한국 내에서 보호를 받는 저작물이므로 무단전재와 복제를 금합니다.

서른살 직장인,
인생 최고의 무대를 완성하는

호시바 유미코 지음 | 노경아 옮김

일
어
떻
게
할
것
인
가

SNOWFOX

먼저 이 책을 선택해 주셔서 감사하다는 말씀을 드립니다. 출판인으로써 한정된 시간과 돈을 할애해 주는 것이 얼마나 가치 있는 일인지 잘 알고 있기 때문입니다.

2016년 봄에 아는 학생에게서 연락이 왔습니다. 친구와 함께 '책 TO 미녀'라는 사이트를 개설했는데 그 첫 번째 인터뷰를 저에게 의뢰하고 싶다는 내용였어요.

응? 미녀라고? 저는 한 순간 으쓱해졌습니다. 하지만 내용을 들어 보니 취업을 준비하는 미녀들(그리고 그들을 만날 목적으로 사이트를 찾아 온 남학생들)에게 가르침을 주는 '스승 이야기' 코너라고 하더군요 (웃음).

실망과 부끄러움을 애써 감추며 우리 회사에 영입하고 싶을 만큼 유망해 보였던 그 젊은이의 제안을 흔쾌히 받아들였습니다.

그들은 나에게 커리어 설계, 롤 모델, 워크 라이프 밸런스라는 세 가지 테마에 대해 이야기해 달라고 했습니다. 그 세 가지를 구체적으로 어떻게 진행하면 좋을지, 앞으로 사회인이 될 젊은이들에게 조언해 달라는 것이었죠. 속으로 '너희들 딱 걸렸어'라고 생각하며 웃었습니다. 제가 평소부터 '젊은이를 불운하게 만드는 말'로 꼽았던 말들이었거든요.

왜냐고요? 이유는 본문을 읽어 보면 알 수 있습니다. 어쨌든 인터넷 매체라는 이유로 이 책에 실린 것보다 더 거리낌 없이 이야기할 수 있었고 다행히 인터뷰 기사가 상당히 화제가 된 덕분에 야후에까지 소개되었다고 듣게 되었습니다.

그 후로 첫 인사를 나눌 때 '호시바 씨는 커리어 설계라는 말을 싫어한다면서요?'라고 서두를 떼는 사람이 꽤 늘었습니다. 그건 내심 저처럼 스펙이나 그 외의 것들에 막연한 위화감을 느낀 사람이 많다는 증거 아닐까요?

그래서 이번에 젊은이를 위한 직업 능력 계발서인 이 책을 엮어 낼 때에는 일에 관한 조언 중 일반적으로 옳다고 여겨지는 지침과 키워드를 소개하고 거기에 다른 관점을 적용하는 방식을 취했습니다. 그 내용이 모두 10개이다 보니 10장이 되었지만 반드시 해당 테마를 부정하는 내용으로 그 장을 채운 것은 아닙니다. 오히려 테마에서 연상된 생각을 담았다고 말하는 게 정확할 듯합니다.

저는 《디스커버 트웬티원》이라는 출판사의 경영자입니다. 이 회사의 역사를 0에서 1까지, 1에서 10까지 이끌어 온 듯합니다. 그동안 돌아보니 만화, 잡지, 학술서를 제외하고는 거의 비즈니스 분야와 자기 계발서를 출간해 왔습니다. 처음에는 동아리 활동을 하는 듯한 기분으로 시작했기에 계속 신흥 아웃사이더로 남을 생각이었지만 정신 차리고 보니 2020년에 창업 35주년을 맞게 되었더군요. 직원도 100명에 달하게 되었고 지금까지 발행한 서적이 2,000권이 넘었습니다.

요즘은 창업 3년 만에 주식을 상장하거나 수백 명의 직원을 거느리게 된 젊은 스타트업 사장도 드물지 않으니 '뭐, 별 거 아니잖아'라고 생각할지도 모르겠습니다. 하지만 소중한 자원을 할애해 이 책을 읽는 여러분에게 '관점이 조금이라도 달라지는' 순간을 선사하고 싶은 마음으로 집필을 결정하게 되었습니다.

뒤에 다시 말하겠지만 뭐니 뭐니 해도 '관점을 바꾸고 내일을 바꾸는 것'이 디스커버 트웬티원의 핵심 가치입니다. 그래서 저는 이 책에서도 디스커버에서 펴낸 다른 책에서와 마찬가지로 '관점을 바꾸고 (독자의) 내일을 바꾼다'는 목적을 완수하려 합니다. 다만 다른 책에서는 저자가 그 목적을 완수하도록 돕는 편집자 역할을 했지만 이번에는 제가 직접 그 임무를 완수해야 한다는 점이 다를 뿐이죠.

사실 상당한 압박감을 느낍니다. 하지만 제가 이 책에서 완수하려는 미션이 또 하나 있습니다. 이 책 제목에 나와 있듯, '일을 즐기는 즐거움을 전파하는 것'입니다.

처음에는 이 책의 제목을 '즐겁지 않으면 일이 아니다(일본 원서 제목)'로 정하는 것에 반대하는 사람도 있었어요. '즐기고 싶어도 도무지 즐길 수 없는 직업에 종사하는 사람이 세상에 넘쳐나기에 거부감이 클 것이다'라면서.

정말 그런가요? 그럴지도 모르겠습니다. 하지만 우리는 인생의 대부분을 일에 쓰고 있습니다. 그러니 어차피 일을 한다면 즐겁게 하는 게 좋지 않을까요? 본문에서도 말하겠지만 '어떤 일이 일어났느냐'보다 '그 일을 어떻게 받아들이느냐'에 따라 일이 즐거워지기도 하고 괴로워지기도 하지요. 그러니 선택하기 나름인 것입니다. 같은 일을 해도 항상 웃는 얼굴로 일하는 사람이 있는가 하면 종일 시무룩한 표정을 짓는 사람도 있습니다.

즐거운 일이 있어서 즐거워하는 것이 아니라 무엇이든 즐기기로 결심했기 때문에 즐거워하는 것 아닐까요? 즐기는 것도 능력이 맞습니다. 그것은 타고난 능력이 아닙니다. 연습과 약간의 요령(즉 관점의 전환)만 있으면 연마할 수 있는 능력입니다. 바로 제가 그 증거구요(저도 예전에는 어두운 성격이었습니다). 일단은 그 능력을 연마하기로 결심해야 합니다. 이미 그 능력을 갖춘 사람이라면 '더 많이 즐기자'라고 결심하면 됩니다. 그것이 변화의 첫 단계입니다.

이 책을 읽는 동안 그 능력을 연마할 준비가 자연스럽게 생길 것이고 다 읽은 다음에는 세상이 조금씩 달라 보이고 상사의 얼굴이 달라 보일 것입니다. 그것이 변화의 두 번째 단계입니다.

저는 이 두 번째 단계까지 여러분을 안내하겠다는 사명을 띠고 이 책을 쓰고 있습니다. 그렇다고 해서 이 책이 친절한 말, 부드럽고 달콤한 말로 가득할 거라고 기대하지는 말아 주세요. 제 방 유리 칸막이 사장실에 액자 두 개가 걸려 있는데, 그중 하나에 그 이유가 적혀 있습니다. 저명한 경영인 혼다 소이치로 씨의 말이기도 합니다.

'즐거운 일은 있지만 편한 일은 없다.'

즐겁다는 말과 편하다는 말은 뜻이 전혀 다릅니다. 오히려 정반대일지 몰라요. 그래서 이 책의 내용을 불편하게 느끼는 사람도 있을 것 같습니다. 하지만 그렇기 때문에 읽은 후에 세상이 달라 보일 수도 있습니다. 결국 내일이 달라지는 것이죠. 함께 내일을 바꾸는 것, 그것이 저의 최대의 꿈이자 야심입니다. 그렇다면 다른 쪽 액자에는 무슨 말이 적혀 있을까요? 그 이야기는 본문에 있으니 잘 읽어주시기 바랍니다.

일하는 사람을 당황시키는 10가지 말 〈4〉

꿈을 이룬다

커리어 설계

Work. What should I do?

설계대로 되지 않는 인생!

그러니 지금 나 자신만으로 미래를 그리지 말 것

젊은 세대 중에는 커리어 설계라는 말을 오해하는 사람이 많은 듯하다. 물론 커리어를 설계하는 것 자체는 나쁘지 않다. 이직하게 되는 사태, 혹은 다니던 회사가 도산하거나 다른 회사로 넘어가 자신이 정리 해고되는 사태가 일어날 수 있다고 미리 상정 혹은 각오해 두면 실제로 그런 사태가 일어난 후의 커리어의 질이 상당히 달라질 테니 말이다.

이직을 하든 말든(인생 백세 시대이므로 한 직장만 다니는 사람이 오히려 소수파가 되겠지만), 인생의 전기가 올 때마다 원점에서부터 새로 출발하는 것보다 이전에 했던 일을 살려서 다음 일을 이어 나가는 게 효율적이다. 따라서 다음 직장에서도 활용할 수 있을 듯한 기능을 일부러라도 익혀 두는 것이 좋다. 두말하면 잔소리다.

문제는 우리가 앞으로 어떤 기능이 각광받을지, 또는 필요해질지를 전혀 모른다는 것이다. 10년간의 인터넷 발달이나 최근 5년간의 중국의 진보, 혹은 최근 3년간의 AI의 진화를 살펴보면 과거의 연장선상에서 장래를 준비하는 일이 얼마나 무의미한지를 확실히 알 수 있다.

많은 사람이 지금 일어나는 변화의 대부분을 30년 전부터 어느 정도 예상하긴 했다. 그러나 그날이 이렇게 빨리 찾아올 줄은 아무도 몰랐다. 게다가 최근 10년간 인터넷과 AI 기술의 진보에 점점 가속도가 붙고 있다. AI가 대신할 수 있는 기능의 범위가 현저히 넓어지고 있는 것이다. 이런 상황에서 작성한 커리어 설계가 과연 언제까지 유효할까?

'지금' 작성한 설계는 '지금'의 자신을 전제로 하고 있다. '지금'의 자신이 보는 세상을 기초로 만들어진 것이다. 그런데 지금 당신이 보는 세상이 전부일까? 당신이 보는 것만이 당신의 미래일까? 당신의 가능성을 당신이 지금 생각하는 범위 안으로 한정해도 좋은가?

젊을 때, 혹은 직장을 구하고 있을 당시에 커리어 상담가가 시키는 대로 작성했던 무리한 설계에 집착하느라 앞으로 무한히 펼쳐질 가능성을 제한해도 되는가?

나는 커리어 설계에 얽매인 나머지 거기서 벗어난 일들은 적극적으로 하지 않는 젊은이들을 실제로 많이 보아 왔다. 분명히 거절 의사를 표현하는 사람도 있었고 일단은 받아들인 다음 이직할 곳을 조용히 찾는 사람도 있었다. 아니면 곁길에서 자신이 정한 왕도로 돌아가는 그날까지 '지금은 시련의 한때'라는 생각으로 오로지 참고 버티는 사람도 있었다.

그 일이 어쩌면 상상조차 못할 새로운 세계로 가는 입구일지도 모르는데 스스로 그 가능성을 막아 버리는 것이다. 그들은 그렇게, 대부분의 세월을 아이로 지내다 막 20대가 된 자신의 눈에 세상을 담고 그 세상이 전부인 양 그 안에 자신을 닫아 가두고 말았다. 즉, 커리어 설계의 가장 큰 문제점은 자신의 가능성을 지금의 자신에게 한정하게 만드는 데 있다.

말에는 생각보다 더 큰 힘이 있다. 설사 지원서에 쓸 목적으로 급하게 작성한 커리어 설계라 해도 그것이 일단 말이나 글의 형태를 띠면 기정사실이 되어 우리를 정의 즉, 고정한다. 그리고 그 말이 가리키는 방향으로 우리를 유도한다. 당신은 당신의 말대로 된다. 누가 맨 처음 한 말인지 모르지만 수많은 위인들의 명언에서도 같은 메시지를 발견할 수 있다. 어차피 생각할 바에는 크게 생각하고 좋게 생각하라는 것이다.

그러나 과연 그럴까? 현실은 우리가 생각하는 것보다 훨씬 더 많은 가능성으로 넘치고 있다. 나 역시 20대까지는 내가 사장이 되리라고는 꿈도 꾸지 못했다. 지위나 권력 따위와는 무관한 세상에서 평생 좋아하는 책을 편집하는 편집자로 살 거라고 믿었다. 그러다 책(소설)을 쓰면 좋겠다고 생각하는 정도였다. 우연히 사장이 된후에도 그 자리가 나에게 어울리지 않는다고 생각했다. 사실 지금도 잘 모르겠다.

다만, 그때 주변에서 그 일을 가장 잘 해낼 사람이 나였으므로 내가 하는 수밖에 없다는 생각으로 받아들였다. 그 후에는 책임감으로 버텼던 듯하다. 그러나 막상 일해 본 결과 나도 몰랐던 새로운 가능성을 여럿 발견하게 되었다. 또 사장이 되지 않았다면 알지 못했을 새로운 관점을 갖추고 폭넓은 세상에서 살게 되었다.

그러므로 커리어를 설계한다면 선택지를 좁히지 말고 넓히는 것이 좋다. 한번 만든 설계서는 내버려 두지 말고 계속 수정해야 한다. 해마다, 아니 6개월마다, 아니 분기마다 고쳐 나가야 한다.

설계에 전혀 없었던 일이 일어났을 때에도 임시로 수정하는 것이 좋다. 그런 설계서, 즉 가설로서의 커리어 설계서라면 얼마든지 만들어도 좋다. 한 번 더 강조하는 것은 지금 보는 것이 세상의 전부가 아니라는 점이다. 지금 보고 있는 것만이 당신의 미래가 아니다. 당신의 가능성을 당신의 생각 속에 가둬서는 안 된다.

기회는 거의 대부분 사람이 가져다준다 ———

그러나 행운을 만나려면 준비가 필요하다

착실한 젊은이가 하나의 고정된 커리어를 설계하는 것만큼 잦은 실수가 '커리어 향상을 위해 공부하는 것'이다. 이들은 화제가 된 비즈니스 서적을 열심히 읽고 세미나, 강연회, 사회인 대학원 같은 곳을 다니며 MBA를 따며 토익 860점을 목표로 영어를 공부하면서 광고 문안 작성, 마케팅, 프로그래밍을 배운다.

공부 자체는 나쁘지 않다. 오히려 직업과 관련한 공부를 끊임없이 해야 한다고 생각한다. 다만, 착각하면 안 된다. 공부를 한다고 커리어가 향상되지 않는다. 의사 국가시험이나 사법시험 같은 일부 국가 자격시험을 제외하고 공부 자체로 길을 열 수 있는 경우란 대학 입시뿐이다.

그렇다면 커리어 향상의 기회를 어디서 얻어야 할까? 바로 사람이다. 작은 일이든, 큰일이든, 인생의 전기는 사람이 가져다주는 것이다. 누군가와의 만남이 인생을 극적으로 변화시킨다. 사람과의 만남은 대개 반듯한 직선과는 약간 어긋난(때로는 전혀 다른) 방향으로 우리를 이끈다. 방향은 조금 달라지겠지만 어쨌든 상승하고 있는 것만은 틀림없다. 나도 그랬고 나보다 훨씬 뛰어나고 대단한 사람들도 그랬다.

그렇다면 공부는 왜 필요할까? 그것은 기회의 신을 만나기 위해서다. 기회를 줄 사람을 잘 알아보기 위해, 그리고 상대가 '이 사람이라면 기회를 줘도 되겠다'고 생각하게 만들기 위해서다.

역시 기회든, 행운이든, 만날 준비가 필요하다. 네잎 클로버의 씨앗도 잘 손질된 땅에서만 싹이 트는 법이다. 다만 여기에는 주의할 점이 두 가지 있다. 첫째, 나 역시 준비가 필요하다고 말하긴 했지만 '조금만 더 준비하고', '조금만 더 공부하고'라며 남과의 만남을 미뤄서는 안 된다는 것이다. 그런 사람들은 상대에게 인정받지 못할까봐 내심 두려워하고 있다. 그래서 '실력을 조금만 더 키우고 나서…'라며 영원히 준비만 하고 있는 것이다. 준비하는 동안은 실패하지 않을 테니 말이다.

두 번째는 공부의 원래 목적을 잊어버리고 공부 자체를 목적으로 삼지 말라는 것이다. 처음에는 기회를 가져다 줄 사람과의 만남에 대비하려고 공부를 시작했는데 언제부턴가 'ㅇㅇ의 강연회에 가지 않을래?'라는 친구의 권유를 '공부해야 한다'며 거절하고 있다면 무언가 잘못된 것이다.

처음에는 매력을 높이기 위해 운동을 시작했는데 언제부턴가 아무도 원하지 않는 초콜릿 복근에 집착하고 있거나 왕자님을 만나려고 다이어트를 시작했는데 매력을 높이기는커녕 오로지 자기만족이나 동성과의 경쟁에 매달리게 된 경우도 마찬가지. 사람은 이처럼 쉽게 수단과 목적을 헷갈린다. 이렇게 말하는 나도 또래 남성들이 제일 싫어하는 안티에이징 미용에 푹 빠져 있다. (효과가 있는지는 의심스럽지만…)

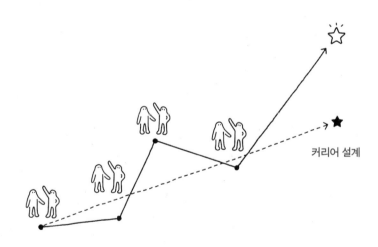

커리어 설계

망설여지면 도전하고 초대를 받으면 참석하라

기회는 언제나 생각 범위 밖에 있다

숲 속 산책길을 지도를 따라 걷는다고 하자. 도중에 샛길이 있고 작은 터널이 있다. 끊어진 트럭 길이다. 멀리 출구가 보인다. 무섭다. 하지만 걸어 보고 싶다. 주저하며 나아간다. 다행히 조난당할 위험은 별로 없어 보인다. '끌리긴 하지만 부끄럽고 번거로운데 어떻게 하지?' 평소에 이런 생각이 들 때가 있다. 그럴 때 편집자라면 '망설여지면 도전하라'는 말을 떠올리기 바란다. 편집자는 엉덩이가 가벼워야 한다. 돌다리도 두드려 보는 사람은 편집 일에 맞지 않는다(라고 난 생각한다).

그럼 경영자는 어떨까? 정답은 없지만 나를 예로 들면 최악의 사태에서 예상되는 리스크를 감당할 수 있다고 판단되면 무조건 도전한다. (아니, 다른 사람에게 시킨다고 말해야 하나?)그 허용 범위가 바로 회사의 규모이자 경영자의 도량을 나타내는 지표일 것이다.

'초대를 받으면 참석한다', '헛갈리면 일단 가 본다'는 것도 '망설여질 때는 도전한다'와 일맥상통하는 원칙이다. 기회는 사람이 가져다준다고 앞에서 말했는데 이것은 '기회를 가져다주는 사람과 만나려면 어떻게 해야 하느냐'라는 질문에 대한 대답이기도 하다. 그러니 '초대를 받았다면 가라!' (다만, 중년 남성이 젊은 여성을 초대했다면 주의하기 바란다. 상대가 출입처의 관료든, 동경하는 연예인이든, 존경하는 저널리스트든 관계없다.)

혹시 동료, 상사, 친구, 거래처 사람이 '이런 모임이 있는데 같이 갈래요?'라고 권유했는가? 대개는 그다지 관심 없는 모임이다. 일에 도움이 될 것 같지도 않다. 일정은 다행히 비어 있지만 오랜만에 아무 일도 없는 날이라 일찍 들어가 쉬려던 참이다. 당신도 이런 상황인가?

하지만 그럴 때 스케줄이 비어 있다면 다소 무리를 해서라도 나가 보자. 누군가 초대해 줄 때가 행복한 법이다. 두 번 연달아 거절하면 세 번째는 좀처럼 초대해 주지 않는다. 세 번 연달아 거절했다면 '다시는 초대받지 못한다'고 생각하는 게 좋다. 게다가 생각하지 못한 기회를 가져다줄 사람이란 언제든 자신의 관심에서 약간 떨어진 곳에 있기 마련이다(그래서 생각하지 못한 기회다).

마찬가지로 학회나 파티에 별 생각 없이 참석 신청을 했지만 막상 당일이 되니 귀찮아져서 빠지고 싶어질 때가 있다. 그러나 그런 행사일수록 꼭 가야 한다! 내 경험상, 그런 모임에서 의외의 기회를 잡을 가능성이 크다. 언제나 그런 것은 아니지만 내 경우에는 40%의 확률로 행운을 만나는 듯하다. 새로운 저자 후보나 오랫동안 관계가 이어질 마음 맞는 사람을 만난 것도 사실은 다 그런 자리에서였다. 그럴 때마다 '와, 이런 멋진 사람이 있구나', '세상에는 훌륭한 사람이 많구나', '나이를 아무리 먹어도 친구를 새로 사귈 수 있구나'라고 감탄하게 된다.

기회는 언제나 생각 밖에 있다. 매일 하는 일, 매일 만나는 사람들 사이에 있지 않다. 도전하지 않으면 지금과 똑같은 상황, 혹은 지금의 연장선상에서 예상되는 뻔한 상황이 이어질 것이다. 그러나 도전하면 예상 밖의 상황이 벌어진다. 비연속적인 변화가 일어난다.

그것이 즐거움이요, 다음 단계를 열 열쇠다. 그러니 일단은 뛰어들자. 그러면 새로운 현실이 펼쳐질 것이다(오, 이건 *사르트르?).

---

* 사르트르 : 프랑스의 현대 철학자. 실존주의사상의 대표자 중 한 명.

공부는 깊고 넓게

요구하는 수준보다 한 걸음 더 나아간다

이미 말했듯, 만남을 위해서라도 공부가 필요하다. 그러면 공부를 어떻게 해야 할까? 이런 질문도 자주 받는다. 사회인의 공부에는 아래로 깊이 파고드는 방식과 옆으로 얕게 넓히는 방식이 있는데 둘 중 무엇이 더 중요하냐는 것이다.

내 대답은 '깊고 넓게'다(걱정할 것은 없다. 그렇게 어렵지 않으니). 그런데 왜 넓어야 할까? 앞서 말했다시피 기회가 자신의 틀 밖에 있기 때문이다. 공부가 좁으면 만남의 장이 줄어든다. 만나는 사람이 줄어든다. 만나더라도 말이 통하는 사람이 몇 안 될 것이다. 그렇다면 깊어야 할 이유는 뭘까? 자신의 축이 될 전문 분야가 있어야 강해지기 때문이다. 누군가의 틀 밖의 사람이 되어야 그 사람을 매료시킬 수 있다. 그뿐만 아니라 무엇이든 깊이 알면 다른 분야에까지 공통된 사물의 본질, 보편적 지혜를 얻을 수 있다. 깊이 파고들면 사물의 본질에 다가서게 된다. 한 분야의 본질에 다가서면 다른 분야의 본질에도 공명할 수 있다. 자신의 전문 분야에서 어느 정도 깊이를 달성한 사람은 다른 분야를 어느 정도만 집중해서 공부해도 그 본질을 쉽게 파악할 수 있다. 물리 법칙에서 역사 법칙을 떠올리기도 하고 유전자 구조와 조직 관리 이론의 공통점을 찾아내기도 한다. 그러면 얕고 넓은 공부도 가능해진다.

하나의 기능을 습득하는 데 1만 시간이 걸린다고들 한다. 자신의 전문 직종을 마스터 하는 데만도 10년 가까이 걸리는 셈이다. 10년이라 하면 까마득한 시간으로 느껴질지 모르지만 30년 만에 3가지를 마스터한 전문가가 될 수 있다는 말이다.

예를 들어 영어도 잘하고 영업도 잘하는 편집자(나를 말하는 건 아니다)가 될 수도 있다. 하지만 여기서 내가 말하는 깊이란 그렇게까지 본격적인 것이 아니다. 커리어 이론에서는 1만 시간이 중요할지 몰라도 우리는 1개월에서 1년 정도 몰두하여 달성 가능한 깊이 정도면 충분하다.

나에게 공부란 보너스, 즉 직업에서 얻는 혜택일지도 모르겠다. 잡지 편집자였던 20대 시절을 돌아보면 헤어 케어 특집을 담당했을 때는 헤어 케어에 대해 한 달 동안 철저히 공부한 결과 펌과 염

색의 화학 작용을 나름대로 이해하게 되었다.

테이블 세팅 특집을 기획했을 때는 '조식에는 카망베르 치즈를 세팅하지 않는다'라는 메뉴 상식(?)도 배웠고(이걸 몰라서 실패작을 남김), '커트러리'라는 말이 어디서 유래했는지(16세기에 위세를 떨쳤던 피렌체의 메디치가에서 격이 한 단계 낮은 프랑스 왕가로 시집을 갔던 카트린느 왕비가 전문 요리사와 함께 포크, 나이프 등을 혼수로 가져갔기 때문에 그런 이름이 붙었다고 한다. 그럼 그때까지 프랑스인들이 손으로 식사를 했다는 뜻?)도 알게 되는 등 약간 희한한 세계사까지 배울 수 있었다. 명상 특집을 기획했을 때는 요즘 흔히 말하는 '마인드풀니스(마음챙김)'에 대해 주변 사람보다 훨씬 정통하게 되었다.

디스커버에 와서 『아가씨 시리즈』를 출간했을 때는 상류층의 말과 생활양식과 물건을 열심히 공부한 끝에 그 자제들이 다니는 유치원에 아들을 보내게 되었고(그런 것 치고는 상류층과 섞일 일이 전혀 없었지만), 비즈니스 서적을 낸 다음에는 논리적 사고, 회계 등의 테마에 나름대로 일가견을 갖게 되었다. 어쨌든 편집이라는 명목으로 전문가인 저자에게서 직접 배울 수 있었으니 보너스가 쏠쏠했던 셈이다.

그러나 어떤 직업이든 나와 같은 보너스를 얻을 수 있다고 생각한다. 어떤 회사든 신규 거래처를 방문하기 전에 해당 업계에 대한 사전 조사를 할 것이다. 이럴 때, 기본적으로 요구되는 수준보다 한 걸음 더 나아가 깊고 넓게 공부해 보자.

처음 기획안을 작성할 때도 마찬가지다. 2주 안에 기획안 작성의 프로가 되겠다는 생각으로 기획안 작성법을 철저히 공부하자. 어쨌든, 요구되는 수준보다 한 걸음 더 나아가야 한다. 이것이 요령이다. 이런 식으로 자신에게 주어진 일을 하나하나 깊이 파고들어 자신의 것으로 만들어 나가면 된다. 그것이 깊고 넓은 공부로 이어질 것이다. 그러고 보면 사회인의 깊고 넓은 공부에 꼭 필요한 것은 다양한 사물에 매료되는 관심의 폭과 일정한 기간 동안 몰두할 수 있는 집중력, 그리고 어느 정도 수준이 충족되면 다른 것으로 관심을 이동시키는 변덕인지도 모르겠다(이렇게 말하면 내 변덕이 정당화되겠지).

그렇다면 관심의 폭을 넓히려면 어떻게 할까? 이것도 자주 받는 질문이다. 그러려면 앞서 이야기했다시피, 전혀 관심 없던 일이라도 '일단 도전하고 참여하는 것'이 중요하다. 이것이 최선의 답변이기는 한데 그러다 보면 '닭이 먼저냐, 달걀이 먼저냐'하는 딜레마에 빠질 수 있다. 그래서 나는 평소에 조금 다른 방법을 활용하고 있다. 그것은 '억지로라도 좋으니 무엇이든 일단은 조금 깊이 알아보는 것'이다. 무엇이든 깊이 조사하다 보면 자연스럽게 관심이 생기기 때문이다. 게다가 깊이와 넓이는 전혀 상충하지 않으므로 얼마든지 원하는 만큼 깊이, 그리고 넓게 조사할 수 있다.

그러고 보면 담당 업무도 아니고 평소에 하고 싶지도 않던 일을 갑자기 맡게 된 것은 의외로 좋은 기회다. 이전에 관심이 없었던 일에 관심을 기울일 수 있는 절호의 기회 말이다.

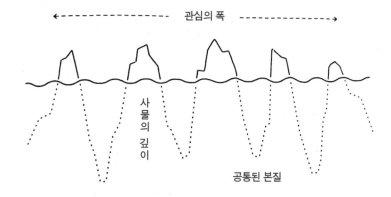

들이쉬기 전에 내쉬어라

사회인의 공부 목적은 가능성 실현에 있다

20대, 특히 여성잡지를 편집할 때(패션, 미용, 인테리어 담당) 온 나라에 요가 열풍이 한창이었다. 무언가 본격적으로 유행하기 전에 재빨리 눈치를 채고 특집을 기획하는 것이 내 일이었으므로 곧바로 요가 체험을 시작했다. 고양이 자세 등 기본자세를 배워 가며 특집 기사를 만든 후, 언제나 그랬듯 작심삼일로 끝을 냈다. 그러나 그때 배운 한 가지만은 지금도 자연스럽게 몸에 배어 있다.

바로 호흡이다. 그중에서도 심호흡 순서가 잊히지 않는다. 심호흡을 하려면 일단 내쉬고 나서 들이쉬어야 한다. 다 내쉬면 들이쉬지 않아도 자연스럽게 숨이 들어온다. 부끄럽지만 그 전에는 '자, 심호흡!'이라고 말하면 들이쉬기부터 했다.

사회인의 공부도 마찬가지다. 공부라는 말을 들으면 일단 입력을 생각하기 쉽다. 그래서 무조건 입력하려 한다. 그럼 가슴도 머리도 꽉 차긴 하겠지만 그렇다고 업무 능력이 향상되는 건 아니다. 주변에 좋은 영향을 끼치는 것도 아니다.

공부의 목적은 무엇일까? 가능성 실현의 양을 늘리고 질을 높이는 것 아닌가? 특히 사회인이 공부하는 목적은 가능성 실현이어야 한다. 그럼 구체적으로 어떻게 하면 될까?

지금 가진 것을 일단 아낌없이 전부 쏟아내자. 그러고 나면 새로운 지혜, 기술, 정보가 자연스럽게 들어올 것이다. (지금은 당연하게 들릴지 모르지만, 10년 전만 해도 가능성 실현을 위해 공부한다는 사고방식이 매우 낯설었다. 사회인의 공부란 TOEIC 점수나 부기 자격증 등을 따기 위해, 또는 오로지 교양을 익혀 수준 있는 사람이 되기 위한 것이었다) 그런 와중에 새로운 관점을 제시한 책이 가쓰마 가즈요(勝間和代) 씨가 우리 회사를 통해 출간한 『연봉을 10배 올리는 공부법(年収10倍アップ勉強法)』이었다. 내가 '가능성 실현을 위한 사회인의 공부법을 다룬 책을 만들자'고 제안했더니 가쓰마 씨가 흔쾌히 승낙하며 연봉 향상이라는 테마를 기획해 주었는데 나는 미처 거기까지 생각하지 못했기에 조금 놀랐다. 지금도 가쓰마 씨의 책으로 커리어를 향상시켜 인생이 달라졌다고 인사하는 사람들을 종종 만난다.

완벽주의자라서 그런지 '더 준비했다가 적절한 시기가 오면 도전하겠다'며 아이디어를 외부로 실행하지 않은 채 아껴두는 사람이 많다. 그러나 그때 가서 그 아이디어가 통용되지 않으면 어떻게 할 것인가? 그들은 아마 크게 좌절할 것이다. 좌절하지 않더라도 기다렸던 시간이 전부 물거품이 되고 만다. 어차피 통용되지 않을 아이디어였으니 얼른 실행해서 폐기했다면 다른 아이디어를 낼 수 있었을 텐데 말이다.

실행하지 않는 사람은 완벽한 형태를 갖출 때까지, 준비가 충분해질 때까지 기다린다는 핑계를 댄다. 그러나 사실은 거절당할까 봐 두려워하는 것이다. 그러나 그렇게 기다리는 동안 외부 환경이 어지럽게 바뀌므로 예전의 아이디어는 점점 구닥다리가 되어 갈 것이다. 그럴 때마다 수정을 거치다 보면 영원한 준비 기간이 계속되는 악순환에 빠지고 만다.

이런 면에서는 미국인을 본받았으면 한다. 그들은 대단한 의견이 아니라도 일단 오픈하고 실행해 본다. 그러면 결과가 어떻든 다음 단계로 나가기 위한 정보를 얻을 수 있다. 정보가 저절로 모여들기 때문이다.

해설하지 말고 의견을 말하라

의견을 말하면 위험하다. 하지만 조용히 있으면 더 위험하다!

회의나 잡담 중에 입을 꾹 다물고 아무 의견도 말하지 않는 사람, 말이라고 해 봤자 다른 사람들의 의견을 해설할 뿐인 사람이 있다(어중간한 우등생 중에 이런 사람 많음). 이런 태도가 도움이 될 때도 있지만 언제나 그런 식이라면 답답해진다. 해설은 실행이 아니다. 의견이 실행이다. 그들이 실행을 꺼리는 이유를 추측해 보자. 실행에서 반드시 반응이 돌아오기 때문이 아닐까?

실행을 하면 칭찬을 받거나 의견이 채택되는 기쁨을 누리거나 마음이 통하는 친구를 만날 수 있다. 그러나 반대로 반론을 당할 수도 있고 공격을 당할지도 모른다. 인터넷이라면 악플 공세에 시달리게 될 수도 있다. 무엇보다 머리가 나쁜 것을 들킬 위험성이 있다. 그런 일을 당하기보다는 가만히 있는 게 무난하다고 생각하는 것이다. 그리고 열을 내며 의견을 말하는 사람보다 비스듬히 기대 앉아 조용히 해설을 하는 사람이 대개 머리가 좋아 보이지 않는가?

그러나 그런 태도는 위험하다. 정말 위험하다. 처음에는 '의견은 있지만 지금은 말하지 말자' 싶어 말하지 않았다 해도 계속 그런 식이면 점점 스스로 생각하지 않게 된다. 그런 상태가 오래되면 말을 하고 싶어도 의견이 없어서 말을 못 하게 된다!

자신만의 의견이 있어야 자신만의 비전, 자신만의 미션이 생기고 다양한 판단 기준이 생긴다. 그래야만 이런저런 아이디어, 발상도 나온다. 그것이 사라진다니, 정말로 위험하지 않은가?

이미 그런 상태에 가까워진 사람이라면 어떻게 해야 할까? 의견을 말하는 것도 연습이다. 회의나 잡담 중에, 혹은 혼자 인터넷 기사 등을 읽으면서 '나는 이렇게 생각한다'는 의견을 말해 보자. 꼭 그러겠다고 결심하고 실천하자. 심호흡의 원리와 마찬가지로 일단 실행을 하면 자신만의 의견, 아이디어, 판단 기준, 비전, 미션이 자라기 시작할 것이다.

보답의 법칙

보답은 돌고 돌아 누구에게서도 반드시 돌아온다

입력하기 전에 실행해야 하는 것은 인간관계에서도 마찬가지다. 상대에게 바라는 일을 내가 먼저 해 주자. 상대가 하게 만든 다음 보답하지 말고 내가 먼저 해 주자. 그러면 반드시 내가 도움이 필요할 때 도움을 받게 될 것이다. 하지만 보답이 돌아오지 않는다 해도 상대를 원망하면 안 된다. 그러면 세상 사람을 거의 다 원망해야 할 테니 말이다.

그렇다. 사람들은 거의 보답을 하지 않는다. 애초에 도움을 받았다고 생각하지도 않는다. 자신이 다 했다고 생각한다. 당신도 그렇지 않은가?

자신의 인생을 돌아보자. 남에게 얼마나 많은 도움을 받았는가? 유치원 때부터 대학 때까지 만났던 선생님들, 친구들, 첫 상사,

그 다음 상사, 그리고 지금의 상사, 수많은 선배와 후배와 작가들, 그리고 퇴사자까지 포함한 사원들. 그러나 그게 다가 아니다. 동네 가게 사장님, 아이를 봐주는 도우미, 보육사들, 지하철에서 나를 도와주었던 모르는 사람들, 너무나도 고마운 부모님과 친척들, 남편과 아이도 빠뜨릴 수 없다.

하지만 당신은 그들에게 제대로 보답한 적이 없을 것이다. 돌이켜 보면 그들의 도움을 당연하게 생각했을 때도 많았다. 오히려 자신의 능력으로 여기까지 왔다고 생각했다. (이 나이가 돼서야 깨닫다니, 안타까운 일이다.)

그렇다고 당신이 누군가에게 아무리 많은 도움을 줘도 보답이 바로 돌아오는 것이 아니다. 아니, 보답은 거의 돌아오지 않을 것이다. 보답은 원래 당사자에게서는 돌아오지 않는다. 하지만 당신이 그랬듯, 그 사람 역시 당신에게서 받은 것을 다른 사람에게 돌려줄 것이다. 그렇게 세상은 돌고 돈다. 그런 순환이 지속되다 보면 언젠가 당신도 보답을 받게 된다. 당신이 아무것도 해 준 적 없는 사람에게서 말이다. 그것이 인생의 묘미가 아닐까?

효과

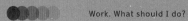
Work. What should I do?

효율을 말하기에 10년은 이르다

인생의 즐거움은 쓸데없는 것들 속에 있다

나는 젊은 직원들에게 종종 '같은 성과를 내는 데 80%의 힘을 쓰는 것과 120%의 힘을 쓰는 것, 둘 중 무엇이 훌륭할까?' 라고 묻는다. 그러면 대부분 '전자'라고 답한다. 그러면 질문을 바꿔 '50을 투자해서 80점으로 합격하는 것과 200을 투자해서 100점으로 합격하는 것, 둘 중 무엇이 훌륭할까?' 하고 또 묻는다. 물론 이번에도 답은 '전자'다. 후자는 효율이 떨어진다는 것이다.

사업이었다면 분명 적자를 냈을 것이다. 하지만 나는 그 질문을 통해 개인의 성장을 이야기하고 싶었다. 그중에서도 젊은 사원의 성장을 이야기하고 싶다. 효율을 말하기에 10년은 이르다! 낭비된 듯 보이는 20%의 힘과 100의 투자는 결코 사라지지 않는다. 사람의 내면에 확실히 새겨져 다음 단계로 성장하는 자양분이 된다.

그뿐만이 아니다.

겉으로는 똑같아 보여도 물 밑에 그 몇 배나 더 큰 얼음덩어리가 있는 빙산과 보이는 부분이 전부인 빙산 사이에는 비교할 수 없는 차이가 있다. 그저 실수 없이 완수하기만 한 과제는 단발성으로 끝나 세월과 함께 잊히지만, 한번 철저히 파고들었던 과제는 자신의 피와 살이 되므로 다시 배울 필요가 없어진다. 장기적으로 보면 후자가 훨씬 효율적이라 할 수 있다.

어쨌든 신입사원 때부터 요령이 좋아 무엇이든 실수 없이 척척 해내는 사람보다, 요령은 없지만 힘을 아끼지 않고 과제에 매달리는 사람이 10년 후에는 훨씬 성장할 가능성이 크다. 비록 시간이 좀 걸리더라도 말이다. 토끼와 거북이의 교훈은 지금도 여전하다.

이렇게 지론을 펼치다 보니, 전에 롯본기 아카데미 힐즈의 아트 컬리지에서 들었던 흥미로운 이야기가 생각난다. 도쿄 예술대학 대학원 교수인 하세가와 유코(長谷川祐子) 선생, 뇌과학자인 노나카 노부코(野中信子) 선생 등의 대화의 한 부분이다. 비생산적인 일이나 낭비를 배제하는 모든 조직(소그룹에서부터 국가에 이르기까지)은 쇠퇴한다는 이야기였다.

그때 예로 든 것이 리오의 카니발이었는데 그것까지 생각하지 않아도 우리 인간 사회에는 AI였다면 결코 허락하지 않았을 듯한 낭비가 아주 많다. 억 단위의 비용이 드는 불꽃놀이, 일부러 몸을 괴롭히려는 듯 무거운 배낭을 짊어지고 추락사의 위험까지 감수하며 산을 오르는 도전 등 그런 놀이를 통한 낭비적 소비야말로 인생 그 자체가 아닐까 싶다.

나는 적어도 인생의 즐거움은 그런 쓸데없는 것들 속에 있다고 믿는다. 효율만 생각한다면 필수 영양소를 알약으로 만들어 먹으면 되니 요리사가 필요 없다. 몸을 외부 환경에서 보호할 옷만 있으면 되니 패션도 사라져야 한다. 기회가 틀 밖에 있듯 즐거움 또한 틀에서 어긋난 것, 혹은 튀어 나온 것 속에 있다.

기대 이상의 성과를 내기 위한 120점 지향주의

기대 수준을 겨우 달성해 놓고 칭찬을 바라지 말라

학교 시험은 100점이 만점이다. 그래서 내용이 아무리 뛰어나도 100점 이상을 받을 수 없다. 그러나 사회는 다르다. '당신의 목표는 100점을 받는 것'이라고 말하면, '100점을 받았으니 월급을 올려달라고 해야겠다'고 반응하는 사람이 종종 있는데 그 사람은 단순히 지금의 급여에 어울리는 일을 했을 뿐이다.

칭찬을 받거나 누군가의 눈에 들고 싶다면 기대 이상의 성과를 올려야 한다. 계속 그러다 보면 당신이 승진과 승급을 의도했든, 의도하지 않았든 결과적으로 승진하거나 승급하게 될 것이다.

노부나가의 짚신 담당이었던 히데요시, 히데요시에게 차를 대접한 미쓰나리의 일화(적의 동자였던 13살 미쓰나리는 히데요시가 차를 내오라고 하자 처음에는 커다란 잔에 따뜻한 차를, 두번째는 중간 크기의 잔에 조금 뜨거운 차를, 세번째는 작은 잔에 뜨거운 차를 내 놓았다. 목이 마른 순간에는 빨리 마실 수 있도록 하고, 목이 축여진 다음에는 향을 음미하게, 마지막은 오직 차의 맛만을 음미하게 하려는 배려심 때문이었다)를 들먹일 것까지도 없다. 회사 내에서 성장이 빠른 사람, 제일 먼저 리더가 된 사람을 보면 언제나 시킨 것보다 더 많은 일(넓고 깊게)을 해낸다는 특징이 있다. 즉 기대 이상의 성과를 올리는 것이다.

디스커버는 원칙적으로 대졸 신입(졸업한 지 2~3년이 되었거나 박사 과정을 마친 사람 등도 포함)을 채용한 뒤 그들 전원을 서점 영업 부서로 보내고 있다. 도쿄 대학 박사든, 중국인이든, 미국인이든, 마찬가지다. 그중 신입 MVP로 선정되는 사람들의 공통점은 매뉴얼에 적혀 있지 않은 일까지 스스로 궁리하여 진행한다는 것이었다.

지금은 NewsPicks Publishing의 편집자가 된 이노우에(井上) 군은 수백 권에 달하는 자사 서적 목록을 외워야 한다면서 누가 시키지도 않았는데 PC용 슬라이드를 만들어 플래시카드 방식으로 연습한 결과 즉석에서 무엇이든 대답할 수 있게 되었다. 카타히라(片平) 씨는 서점을 방문할 때마다 매출이 잘 나오는 위치를 파악하기 위해 고객의 동선을 관찰하여 자신만의 매뉴얼(머릿속이지만)을 만들었다. 또 이즈쓰(井筒) 씨는 서점에 갈 때마다 눈에 띄는 쓰레기를 주웠다.

성적이 나쁜 사람일수록(학교 성적은 좋았던 것 같지만) '매뉴얼이 정비되지 않았다', '사내 인프라가 부족하다', '방문보다는 전화가 낫다'면서 이런저런 효율화를 요구한다. 내가 보기에 그것은 효율화가 아니라 나태함이다. 그들은 노력을 아끼고 있을 뿐이다. 무엇이든 아끼다 보면 정말로 고갈되고 만다. 반면 돈이든 의욕이든, 능력이든, 다 쏟아 내고 줄어든 만큼, 아니 전보다 훨씬 많은 것들이 채워진다. 들이쉬기 전에 내쉬어야 한다. 입력하기 전에 실행부터 하자.

사람뿐만 아니라 회사도 기대 이상의 결과를 내야 앞서나갈 수 있다. 고객은 디저트를 사 먹을 때나 화장품을 고를 때나 컨설팅 제안서를 검토할 때나 마찬가지다. 자신의 기대 이상, 즉 자신이 들인 금액 이상의 가치를 돌려받을 수 있다고 여겨질 때만 지갑을 연다.

1,000엔을 내고 1,000엔의 가치를 얻는다면 고객은 아무런 감흥을 느끼지 못한다. 1,000엔을 내고 1,200엔의 가치를 누린다고 느껴야만 비로소 감동하여 '구매하길 잘했다', '또 사고 싶다'고 생각한다. 반대로 950엔의 가치밖에 못 느낀다면 불만을 제기할 것이다. 고객에게 기대 이상의 무언가를 제공할 때만 다음 기회가 생긴다. 그러므로 200엔, 20%를 초과하는 것을 언제나 잊지 말자.

구체적으로는 어떻게 하면 좋을까? 사실 전혀 어렵지 않다. 특별한 방법을 생각해 낼 필요도 없다. '이렇게 하면 이상적이겠지만 시간도 없고 거기까지 안 해도 되겠지.' '거기까지 하면 완벽한 결과가 나올 테고 상사도 좋아하겠지만 그건 드라마 속에서나 가능한 얘기야.' 혹시 이렇게 생각했는가?

바로 그것이다. '거기까지' 다 해내면 된다. **다른 사람들이 생략하는 마지막 한 걸음까지 내딛자. 그리고 (이게 정말 중요함) 그런 태도를 계속 유지하자. 그게 다다.**

비용 대비 효과를 너무 따지지 말 것

일의 성과는 그 자리에서 즉시 드러나지 않는다

쇼핑이나 식사를 할 때 가성비를 따지는 건 괜찮지만 무슨 일이든 가성비로 판단해서는 안 된다. 혼자 사는 것보다 둘이 사는 것이 가성비가 좋다며 동거를 선택하는 사람들도 있다. 정말로 그래도 괜찮을까?

쇼핑 실적에 따라 신용카드 색이 달라지거나 포인트 적립률이 높아지는 것은 그렇다 치고, 혹시 똑같은 방식을 개인적인 친구관계에까지 적용하고 있지는 않은지 생각해 보자. '저 사람과의 관계는 가성비가 좋다' 또는 '나쁘다'는 생각을 하고 있지는 않은가?

가성비란 가격 대비 효과를 말한다. 들인 비용에 대비해 성과가 얼마나 나왔는지를 나타내는 지표이므로 일종의 효율 지표라 할 수 있다. 최근 10년간 통계적으로 나라 전체의 생산성이 저하된 탓인지 개인의 업무에 대해서도 생산성을 따지는 곳이 많아졌다. 이전에는 10의 비용(시간)으로 100의 성과를 올렸으나 이제 8의 비용으로 같은 성과를 올리게 됐다면 생산성이 높아진 것이 분명하다. 그러나 주의할 필요가 있다. 6의 비용으로 70의 성과를 올리게 된 경우에도 생산성은 높아지기 때문이다.

　실제로 업무 개혁을 추진한 결과 개인의 생산성을 높이는 데는 성공했지만 전체 실적이 떨어져서 걱정이라고 실토하는 기업이 적지 않다. 생산성을 올리기 위해 장시간 회의를 금지하는 정도로는 부족하다. 하물며 휴가를 늘린다고 해서 갑자기 생산성이 높아지는 것이 아니다. 지금은 더 적은 노동 시간으로 더 큰 성과를 내도록 만드는 혁신이 필요하다. 산업 혁명, IT 혁명에 필적할 만큼 대대적인 혁신 말이다. 눈앞의 효율을 쫓아 가성비 운운하며 영리하게 일하려 하다 보면 일의 원래 목적에서 점점 멀어질 뿐이다.

　개인 차원에서 생각하면 돈뿐 아니라 노력과 능력, 시간까지 비용에 포함되므로 성과가 되도록 빨리 나와야 가성비가 높아지는 것이 사실이긴 하다. 그러나 투자의 경우 성과를 즉시 확인하기 어렵다. 당신이 아무리 많은 노력과 시간을 공부에 투자해도 그 성과를 보기까지는 시간이 필요하다. 또 유감스럽게 당신이 열심히 했던 일의 성과가 드러나지 않은 채 묻혀 있다가 당신이 다른 부서로 발령을 받은 후에야 드러나는 바람에 후임이 어부지리를 얻게 되는 일도 드물지 않다.

　일의 성과는 즉시 드러나지 않고 시간이 지난 후에 전체적으로 드러난다. 심지어 다른 누군가에게 그 성과가 돌아갈지도 모른다. 사실 당신도 앞서 걸어간 누군가의 덕택으로 일의 성과를 낼 수 있었다는 사실을 잊지 말자. 후에 성과와 보수는 반드시 있을 것이다. 지금 당장은 받지 못할지 모르지만 어느 정도 시간이 지나면 반드시 받게 될 것이다. 그러니 초조해하지 말자. 쩨쩨하게 굴지도 말자. 당신이 기울인 노력은 반드시 당신에게로 돌아온다.

　어쩌면 일의 성과가 당신이 생각도 못한 형태를 띤 탓에 당신이 (어쩌면 영원히) 그것을 알아보지 못하는 사태가 벌어질지도 모르고 너무 먼 훗날에 열매를 맺은 탓에 '그때 그 일이 이렇게 열매를 맺었다'는 것조차 알아보지 못하고 지나칠지도 모르지만 말이다.

낭비를 하자

인생은 쓸데없어 보이는 낭비를 얼마나 하느냐에 따라 달라진다

사실 나는 요즘 유행하는 미니멀 라이프를 좋아하지 않는다(이 것도 상당히 완곡한 표현이다). 좁은 집에 다 입지도 못할 옷과 다 쓰지도 못할 그릇을 넘치도록 쌓아놓고 사는 나 자신을 변호하는 거냐고 공격하면 사실 할 말이 없다. 그래도 쓸데없는 물건을 다 없애 버리자니 너무 재미없지 않은가? 쓸데없다며 이것도 버리고 저것도 버리고 계속 버리다 보면 결국은 '가장 쓸데없는 존재는 나였구나'라고 무릎을 치게 되지 않을까? 사실 사는 것 자체가 쓸데없는 행위일지도 모르니 말이다.

옷도 최소한만 남기고 다 버리라고 하는데 나는 애초에 쉽게 버릴 수 있는 옷을 사지 않아서 그럴 수도 없다. 앞으로 한 번도 입지 못할지 모르지만 색과 디자인이 너무 마음에 들어서 만지기만 해

도 행복해지는 캐시미어 스웨터, 입고 나갈 곳은 거의 없지만 장인의 기술이 감탄스러워 계속 간직하고 싶은 여성스러운 트위드 원피스, 지금은 입을 일이 전혀 없지만 앞으로 입을 일을 만들겠다며 의욕을 불태우게 만드는 이브닝드레스가 내 옷장을 채우고 있다. 나는 그중 하나도 버릴 수 없다!

분명, 괜히 샀다는 생각이 들거나 도무지 어울리지 않는 옷도 있다. 사실 그런 옷이 더 많을지도 모른다. 돌이켜보니 네크라인이 나와 가장 잘 어울리는 스웨터를 찾을 때까지 대체 몇 벌의 캐시미어 스웨터를 샀는지 모르겠다. 누가 봐도 명확한 낭비다. 하지만 그 낭비가 있었기 때문에 내 스타일을 알게 된 것도 사실이다.

원하는 곳까지 일직선으로 닿는 경우는 거의 없다. 대개는 멀리 돌아가게 된다. 그렇게 돌아가는 것이 인생이 아닐까? 지금은 쓸데없어 보이는 만남이 나중에 훌륭한 인연이 되고 지금은 쓸데없어 보이는 공부가 나중에 도움이 된다. 저축해 둔다고 생각하자.

인생에서는 결과가 아닌 과정이 중요하다. 그렇지 않았다면 모든 인생의 목적은 죽음이 되었을 것이다. 인생의 목적은 사는 것 그 자체다. 인생길은 출생에서 출발해 죽음으로 끝나지만 그러니 오히려 살아 있는 동안 사는 것 자체를 목적으로 삼는 게 어떨까? 그리고 어차피 살 거라면 즐겁게 사는 게 낫다(편하게 살자는 말이 아니다. 즐거운 것과 편한 것은 전혀 다르다).

낭비에는 공간의 낭비도 포함된다. 즉, 공간이 비어 있으면 그것에 신경이 쓰여서 다시 무언가를 채우게 되는 것이 사람 심리다. 마찬가지로 여성 실용서의 단골 메뉴 중 하나인 정리, 수납도 너무 지나치면 숨이 막힌다.

지금의 아파트로 이사할 때 아직 젊었던 나는 도면을 뚫어져라 들여다보며 가구 배치 계획을 세우고 창고는 물론 주방 수납장 하나하나 사이즈를 꼼꼼히 재서 추가 선반을 설치했으며 쌓아올릴 수 있는 수납박스까지 마련했다. 그리하여 그야말로 완벽한 수납 시스템을 만들었다. 덕분에 좁은 아파트 공간을 효과적으로 활용할 수 있어서 생활이 매우 쾌적해졌다. 그러나 그것도 잠시, 머잖아 포기하고 말았다. 지나치게 깔끔했던 탓이다. 일단은 수납을 위한 수납이었기 때문에 물건을 넣고 빼기가 번거로웠다. 한번 움직이면 원래대로 돌려놓기가 너무 귀찮고 불편했다. 게다가 공간이 꽉 차 있어서 물건이 하나라도 추가되면 밖으로 튀어나오기 일쑤였다. 가구도 여유 없이 배치되어서 쉽게 이동시킬 수가 없었다. 집 전체에 완충재가 빠져 있었던 것이다. 촘촘히 채워 넣은 타임스케줄처럼 하나가 어긋나면 전체가 무너지는 시스템이었다.

과연 낭비란 무엇일까? 이메일 한 통이면 끝날 일을 굳이 종이에 써서 우편으로 보내게 만드는 규칙이나 단순히 관계자의 체면을 세워주기 위해 열리는 회의 등은 명확한 낭비이므로 없애야 한다. 그러나 한 해에 한 번 열리는 회사 송년회에 5분간 출연하기 위해 한 달 전부터 몇십 시간씩 춤 연습을 하는 것은 어떨까?

어떤 사람들은 앞서 언급한 리오의 카니발에 잠시 동안 출연하기 위해 1년 동안 공을 들이기도 한다. 돈이 엄청나게 들어간 카니발 행렬, 그것에 열광하는 사람들을 보면 정말 장관이다. 냉정하게 생각해 보면 비생산적이기 짝이 없는 일이지만 사람들은 그 한 순간을 위해 한 해 동안 착실히 생산 활동에 힘쓴다.

만약 그런 낭비가 그들 인생의 목적이자 즐거움이라고 한다면 어떻겠는가? 그들의 삶은 쓸데없는 옷을 사기 위해 일하는(?) 내 인생과도 비슷해 보인다. 앞에서 '100의 결과를 내려면 120의 힘을 쓰라'고 말했는데 이때 남는 20도 결코 낭비가 아니다. 그 20은 언젠가(다음 달일지도 모르고 내년일지도 모르고 10년 후일지도 모르지만) 반드시 1,000의 결과로 돌아올 것이다.

혹시 그렇게 되지 않아도 괜찮다. 리오의 카니발을 준비하는 사람들처럼 그 낭비 자체가 인생의 진짜 목적이 될지도 모르니 말이다. 인생은 쓸데없어 보이는 낭비를 얼마나 하느냐에 따라 달라진다. 직장에서나 학교에서나 쓸데없는 이야기를 나누는 사이에 사랑과 우정이 자란다. 그렇다. 우리가 버려야 할 쓸데없는 것은 오직 군살뿐이다.

취미를 일로 만들자

Work. What should I do?

좋아하는 일이 없는 사람이 더 많다

그러니 억지로 좋아하는 척하지 않아도 된다

취미를 직업으로 삼으라는 제안도 많은 젊은이를 불행하게 만드는 말이다. ①취미와 특기가 별개인 사람 ②자신이 무엇을 좋아하는지 잘 모르는 사람에 속하는 젊은이들이다. 둘 중 ①취미와 특기가 별개인 사람에 대해 먼저 이야기해 보자.

우리 회사는 출판사라서 편집자가 되고 싶은 사람이 많이 지원한다. 작년 출판계 상황을 보면 20년 전에 비해 모집 인원이 훨씬 줄어들긴 했지만 그래도 지원자가 끊이지 않는다. 그러나 알다시피 출판사는 중소기업이므로(출판계 제일 큰 3사라 해도) 그리 많은 인원이 필요하지 않다. 그래서 지원자 대부분이 낙방한다. 입사해도 소질이 없다고 판단되면 편집부로 보내 주지 않는다. 결국 취미를 직업으로 삼지 못하게 되는 셈이다.

게다가 작문을 시켜 보면 원고지 사용법도 잘 모르고 오자투성이로 글을 쓰면서도 편집자가 되고 싶다는 사람이 꽤 있다. 편집자는 작가가 아니지만 오히려 작가보다 더 정확한 국어를 구사해야 한다. 그것은 서적 편집자의 기본적인 자질이다.

물론 그것 말고도 갖춰야 할 것이 많지만 어쨌든 글쓰기가 특기가 아닌 사람이 글쓰기를 좋아한다고 아무리 호소해도 편집자는 될 수 없다.

오히려 좋아하는 일을 찾지 말고 잘하는 분야를 적극적으로 공략하는 편이 유리하지 않을까? 적어도 내 생각은 그렇다. 하지만 '정말 하고 싶은 일이 무엇이냐'라고 추궁당하고 '취미를 직업으로 삼으라'는 말을 자꾸 듣다 보면 '취미를 직업으로 삼아야만 한다', '다른 사람들은 다 그렇게 하고 있다'는 생각이 든다.

그러나 사실 취미와 특기가 일치하는 행운아는 그리 많지 않다. 특히, '정말'이라는 말이 나오면 주의할 필요가 있다. 모처럼 즐겁게 일하다가도 '그게 당신이 정말로 하고 싶은 일입니까?', '저 사람을 선택해도 정말 괜찮겠습니까?'라는 말을 듣는 순간 의심이 피어올라 '안 되는 걸까?' 싶어지기 때문이다. 하지만 그때의 '정말'은 정말 무시해도 되는 말이다.

그건 그렇다 치고, 내가 보기에는 좋아하는 일을 직업으로 삼지 못한 사람보다 ② 무엇을 좋아하는지 잘 모르는 사람이 훨씬 많을 듯하다. 그들은 자신이 무엇을 좋아하는지 잘 모른다. 그래서 좋아하는 일을 하라는 말을 들으면 좋아하는 일이 있어야 하는데 너는 왜 없느냐고 야단맞는 듯한 기분이 든다.

하지만 과연 주변 사람 모두가 자신이 좋아하는 일을 하고 있을까? 사실 젊을 때, 특히 학생일 때는 좋아하는 것, 하고 싶은 것, 반드시 이루고 싶은 꿈이 명확하지 않은 것이 정상이다. 주변 사람들 역시 '꿈은 무엇입니까?'라는 질문을 받았을 때 '없다'고 말하기 뭣해서 적당한 것을 골라 대답했을 뿐인지도 모른다.

취업할 때 아무 기준이 없으면 너무 많은 회사에 원서를 내야 할 뿐아니라 날림으로 자기 분석을 해 놓고 나중에 그것을 내가 하고 싶었던 일, 좋아하는 일로 둔갑시켰을지도 모른다. 지금 이렇게 말하는 나도 그랬다.

딱히 출판사에 들어가 편집자가 되겠다고 생각해 본 적은 한 번도 없었다. 다만 남녀 고용 기회 균등법도 없었고 외국계 회사라는 선택지도 없었던 그때, 교원을 포함한 공무원 조직, 신문사, 출판사 정도가 표면적일지라도 남녀평등 채용을 지향하며 일반에 문호를 열어 놓았기에 지원했을 뿐이다. 잡지 전성기가 도래하기 직전이어서 그랬는지 잡지, 특히 패션 잡지의 편집자가 멋져 보이기도 했다. 만약 잡지사 편집부에 들어가지 못했다면 나는 지금 공무원으로 살고 있을 것이다. 그것도 그 나름대로 괜찮았을 듯하다. 그래도 그때는 다행히 '꿈을 가져라', '취미를 직업으로 삼으라', '당신이 진짜 하고 싶은 일을 찾으라'는 말이 지금처럼 난무하지 않았다.

여성의 경우 결혼을 하거나 취직을 하거나 연구자가 되거나 셋 중 하나를 선택해야 했고 남성들도 지금처럼 기업의 문호가 기본적으로 열려 있지 않은 와중에 자신의 진로를 선택해야 했기 때문이다.

생각해 보니 우습다. 본인들도 특별한 꿈 없이 살아 왔으면서 젊은 자녀 세대에게 '꿈을 가져라'라고 무책임하게 협박하지 않았으면 좋겠다. 그러므로 간절히 하고 싶은 일, 직업으로 삼고 싶은 일이 있는 사람은 대단한 행운이라 할 수 있다.

사실 진심으로 좋아한다면 별다른 재능이 없거나 잘하지 못해도 끝까지 밀어붙일 수 있다. 그런 사람들은 무명 연기자나 가수, 배고픈 화가, 자칭 작가로 평생을 산다 해도 후회하지 않는다. 실제로 학력이 어마어마한 내 친구나 지인 중에도 그런 사람이 꽤 있다. 그러나 특별히 하고 싶은 일이나 이루고 싶은 꿈, 좋아하는 일이 없는 사람은 억지로 있는 척하지 않아도 된다.

다만 이것을 기억하자. 눈앞의 일, 지금 자신에게 주어진 일에 일단 집중한다. 그러는 과정 속에 좋아하는 능력의 비결이 숨어 있다. 거기에 좋아하는 일을 찾는 실마리, 꿈을 찾는 실마리가 분명 숨어 있다. 만에 하나 찾지 못해도 괜찮으니 걱정하지 말자. 한 번 더 강조한다. 특별히 좋아하는 일이 없는 사람은 억지로 있는 척하지 않아도 된다.

지금 하는 일을 좋아하는 방법

무엇을 하느냐 보다 누가 하느냐, 왜 하느냐가 중요하다

좋아하는 일을 찾기보다 지금 하는 일을 좋아하는 편이 빠르다. 좋아하는 것도 능력이다. 그리고 그 능력은 누구에게나 있다. 사랑이든, 분노든, 그럴 만한 대상이 있어서 생겨난다고 생각하기 쉽지만(나도 스물다섯 언저리까지는 그런 줄 알았다) 사실은 그렇지 않다.

사랑, 분노, 슬픔 같은 감정은 처음부터 그 사람 안에 존재하며 출구를 찾다가 때마침 자극이 들어오면 겉으로 분출되는 것이다. 그래서 누군가가 당신을 사랑한다면 그것은 당신이 훌륭한 사람이기 때문이 아니라 그 사람이 남을 사랑하는 능력을 갖춘 훌륭한 사람이기 때문이다. 그런 훌륭한 사람을 만나게 해 준 행운에 감사한 일이다.

분노도 마찬가지다. 누군가의 심한 분노를 샀다 해도 그 사람

의 분노 스위치를 누르게 만든 불운을 한탄하고 넘어가면 된다.

어쩌다 보니 서두가 길어졌지만 애초에 누군가 또는 무언가를 좋아할 수 있는 열정과 관심이 없다면 눈앞에 누가 나타나든 무슨 일이 벌어지든 감정이 생기지 않는다는 뜻이다. 혹시 지금 '이건 아니야', '그것도 아니야', '이럴 생각이 아니었는데', '내 생각은 이것과 달랐는데'라며 계속 헤매고 있는가?

혹은 일말의 기대조차 없이 자신이 무슨 일을 하고 싶은지 모르는 채 살고 있는가? 그렇다면 좋아하는 능력이 쇠퇴한 상태이니 그 능력을 되살려야 한다. 다행히 누구에게나 좋아하는 능력이 잠재되어 있으므로 연습으로 얼마든지 되살릴 수 있다. 연습의 첫 번째 방법은 마음을 비우고 일에 집중하는 것이다. 그렇다. 명상과 똑같은 원리다. '이런 일을 열심히 한다고 뭐가 달라질까?' 혹은 '이 일이 나한테 맞을까?'라는 의심은 일단 접어두고 주어진 일에 충실하자. 자신의 일을 계속하자. 지금의 일만 생각하면서 일단 해 보는 것이다. 서툴러도 좋으니 계속 하자. 익숙해지다 보면 그 일에 애착이 생길 것이다.

좋아하는 능력을 되살리는 두 번째 방법은 자신이 하는 일의 의미를 생각하고 가치를 부여하는 것이다. 앞서 마음을 비우라고 했던 것과 모순되는 듯하지만 의심하는 것과 의미를 생각하고 가치를 부여하는 것은 전혀 다르다. 일에 가치를 부여한다는 것은 무슨 뜻일까? 그것을 설명하기 위해 유명한 벽돌공 이야기를 재구성해 소개하겠다.

인부들이 벽돌을 날라서 쌓고 있었다. 지나가던 행인이 그중 한 명에게 물었다.

"무슨 일을 하고 계십니까?"

"벽돌을 나르고 있습니다. 아주 지루한 일이죠."

그래서 다른 인부에게 물었다.

"무슨 일을 하고 계십니까?"

"네, 저희는 지금 거대한 피라미드를 만들고 있습니다."

이쯤 해서 '무슨 일이든 목표와 비전이 중요하다'라며 이야기를 끝내 버려도 되겠지만 역시나 세 번째 인부를 등장시켜야겠다.

"무슨 일을 하고 계십니까?"

"네, 저희는 지금 신의 축복을 받기 위한 탑을 만들고 있습니다."

이처럼 미션이 중요하다. 같은 일을 해도 일상적인 작업으로 받아들여 시키는 일만 하는 사람이 있는가 하면 목표를 파악하고 그 것을 지향하는 사람도 있다. 더 나아가 자신이 하는 일에 어떤 가치가 있는지를 깨닫고 그것을 실현하기 위해 일하는 사람도 있다.

이 세 사람을 매슬로의 자기실현 피라미드에 대입해 보면 돈

때문에 일했던 첫 번째 인부는 생존의 욕구, 두 번째 인부는 자기실현의 욕구, 세 번째 인부는 매슬로가 만년에 깨달았다는 자기 초월의 욕구에 해당할 것이다. 어쨌든 셋 중 누가 자신의 일을 가장 좋아하는지는 굳이 말할 것도 없다.

그러나 내 경험에 비춰보면 모든 팀장이 부서 전체를 보살피며 팀원들에게 각자 맡은 일의 가치를 설명해 주지는 않는다. 때로는 단순히 매출을 올리는 것이 목표라고 생각하는 사람도 있다. 그럴 때는 스스로 궁리해야 한다. '내가 하는 작은 일을 사회적 가치를 창출하는 큰 일로 만들어 볼까?'라고 말이다. 그러면 같은 일을 해도 결과가 달라질 것이다. 당신은 어쩌면 상사가 생각했던 것보다 훨씬 넓고 긴 활약을 펼치며 기대 이상의 성과를 올릴지도 모른다. 이것이 일에 가치를 부여하는 방법이고 자신이 하는 일을 좋아하는 방법이다. 무엇을 하느냐가 아니라 누가 하느냐, 무엇을 위해 하느냐가 중요하다.

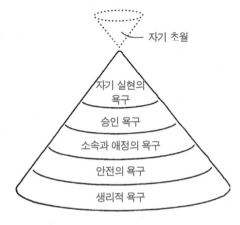

자기 초월

자기 실현의
욕구

승인 욕구

소속과 애정의 욕구

안전의 욕구

생리적 욕구

아이디어를 만드는 공식

창의력의 열쇠는 무엇인가

'지금의 일을 좋아하자'라는 주제에서 조금 벗어나긴 하지만 여기서 아이디어를 발굴하는 방법을 소개하고 싶다. 뜻밖일지 모르지만 아이디어 또는 문제의 해결책은 지식과 정보 등 다양한 재료의 의외의 조합에서 나온다. 의외의 조합을 만들고 싶다면 일단은 재료 확보를 위한 폭넓은 지식을 갖춰야 한다. 그런데 지식이 풍부한 사람일수록 의외로 아이디어 발굴을 잘하지 못하는 경향이 있다. 그렇다면 이렇게 물어보자. '어떻게 해야 의외의 조합을 찾을 수 있을까? 과연 어떻게 해야 창의력을 연마할 수 있을까?'

이것은 어떤 의미에서 사회인의 최대의 과제이자, 내가 개인으로서나 경영자로서나 사실상 편집 책임자로서 안고 있는 과제다. 그래서 잘난 척할 처지는 못 되지만 그래도 가끔 강연 의뢰가 들어

올 때를 대비하여 아이디어를 찾아내는 공식을 다음과 같이 정리해 보았다.

E=MC2

그렇다. 이것은 위대한 아인슈타인의 공식을 응용한 아이디어 발굴 공식이다. E는 에너지, 효과(effect), 엔진 등 무엇이든 될 수 있다. 그리고 C의 제곱은 다음과 같다. COLLECT(컬렉트)와 CONNECT(커넥트)

다시 말해 소재를 모으고 연결하라는 것이다. 이것은 다양한 재료의 의외의 조합이라는 아이디어 발굴법의 정석을 표현하고 있다. 재료는 다양하게 많이 모을수록 좋다. 그러니 많이 저축해 두자.

재료를 모으기 위해서는 앞서 말한 것처럼 의식적으로 관심의 폭을 넓혀야 한다. 그러려면 남에게서 배우는 것이 가장 좋지만 그것도 즉시 실천하기가 어렵다는 사람은 일단 책을 읽도록 하자. 인문과학, 사회과학, 자연과학, 문학 등 각 분야의 저명한 책을 전부 읽는다고 생각하면 된다. 그 외에 의학 등 응용과학과 역사에 관한 책도 있다. 총 500권을 읽으라는 사람도 있지만 일단은 50권 정도를 목표로 정하고 인문, 사회과학, 자연과학, 기초 예술에 관한 책을 읽자.

그런 다음 영화, 음악, 만화 대표작(나라면 여기에 패션 지식에 관한 책까지 포함시킬 것이다)을 읽으면 된다. 이것들은 소위 교양서적이다. (어떤 책이 좋은지 알아보려면 디스커버의 『나를 위한 교양수업』을 참고하자. 내 고등학교 동기이자 전 재판관인 세기 히로시(瀬木比呂志) 군이 쓴 책이다).

얼마 전만 해도 교양이나 순수학문이 홀대받았지만(우리 세대가 교양으로 똘똘 뭉친 사람들에게 강요당하며 자랐기 때문이다) 오히려 지금은 반동 때문인지 말이 통하지 않을 정도로 교양 없는 우등생이 많아졌다. 그러다 보니 재료가 모자라 조합을 할 수 없을 때가 많다. 그래도 열심히 끌어 모아 재료를 수집했다 치고, 의외의 조합은 어떻게 만들어야 할까?

여기서 주목해야 할 것이 E=MC2의 M이다. 의외의 조합의 열쇠가 거기에 있다. M이란 무엇일까? '문제의식!', '목적!' 강연 중에 청중에게 물었더니 이런 답변이 나왔다. 나도 그게 맞는 답이라고 생각한다. 애초에 해결하고 싶은 문제가 있고 '이렇게 하고 싶다'는 목적이 있기 때문에 평소에는 불가능한 발상이 나오는 것이다.

그런 의미에서 나는 M으로 시작되는 단어는 아니지만 책임감을 넣고 싶다. 책임자가 되면 전에는 없었던 아이디어가 갑자기 샘솟는 경우가 많다. 24시간 내내 '지금의 조건 하에서 어떻게든 해결해야 해.', '무슨 방법이 없을까?'라는 생각으로 머리가 꽉 차 있기 때문이다.

실제로 과제에 대한 해결책, 새로운 아이디어를 찾기 위해서는 24시간 내내 그것을 생각하는 것만큼 좋은 방법이 없다. 사장이 아이디어를 제일 많이 내는 것도 그들이 온종일 회사를 생각하기 때문이다. 그래서 되도록 빨리 책임자가 되는 것이 좋다. 책임 범위가 넓어질수록 자신이 맡은 분야의 과제에 대해 생각하는 시간이 길어질 것이다.

바꿔 말해 아이디어가 좀처럼 나오지 않는 것은 창의력이 없기 때문이 아니라 '결국은 위에서 해결하겠지', '윗사람들이 알아서 할 거야'라는 생각에 남의 일처럼 여기게 되고 주체적으로 관여하지 않기 때문이다. 하지만 항상 그런 식이라면 일이 재미가 없지 않을까?

창의력을 발휘하려면 문제의식, 목적의식이 필요하다. 다시 말해 문제의식을 갖고 그 문제를 주체적으로 해결하려고 노력하는 과정에서 창의력이 발휘되고 아이디어가 생겨나는 것이다.

그런데 지금 내가 말하는 목적의식이나 문제의식은 과연 무엇을 향한 것일까? 바로 M이다. 이제 M의 정체(내가 정한 것일 뿐 일반적인 정의는 아님)를 알려 주겠다. 바로 MISSION(미션)이다. 미션과 목적은 무엇이 다를까? 내 정의에 따르면 목적에는 '돈을 벌겠다', '유

명해지겠다'와 같이 자신과 자사만 위하는 목적이 포함되지만 미션
은 사명, 즉 자신이 사회에 공헌하기 위해 해야 할 일이라는 의미가
강하다.

　　사람은 자신만을 위해서는 좀처럼 힘을 내지 못하고 다른 사람
을 위해서라면 괴력을 발휘할 수 있는 존재다. 사람은 강력한 미션,
위대한 미션을 이루기 위해서라면 '나'라는 작은 틀을 깨고 이기심이
라는 장애물을 뛰어넘어 상상하지도 못했던 힘을 발휘할 수 있다.
이타적 미션이야말로 창의력의 열쇠다.

모든 일에는 그 나름의 가치가 있다 ━━━━━

지금 주어진 일에 가치를 부여하라

잡지 편집자로 일했던 20대 때의 일이다. 미국인 혼혈 모델의 지적인 분위기가 마음에 들어 촬영을 의뢰했다. 그런데 신인이었던 그녀는 스튜디오에 들어온 순간부터 주변에 벽을 쌓았다. 사진작가나 스타일리스트에게 마지못해 인사를 하더니 계속 책만 읽는 것이다. 누가 봐도 억지로 나와 있는 분위기였다. 그래서 물어 보니, 대학 입시를 준비하는 중인데 학비를 벌기 위해 모델 일을 하고 있다고 했다.

아직 이네스 드 라 프레샹쥬(Ines de La Fressange)가 샤넬의 뮤즈가 되기 전, 즉 슈퍼모델이라는 말도 없었고 샤넬의 패션쇼에 서는 모델조차 사회적 지위가 낮았던 시절이었다. 그녀는 모델 아르바이트를 하는 자신을 부끄러워하고 있었다. 그래서 나는 모델 아르바이트나 하고 다니는 경박한 여자들과는 다르다'라고 온몸으로 호소하고 있었다.

그 얼마 후, 이네스가 샤넬 무대에 섰다. 칼 라거펠트가 멋지게 부활시킨 샤넬의 브랜드 가치는 명문 귀족 출신인 이네스가 모델로 활약했던 8년 사이에 거의 구축되었다고 해도 과언이 아니다(나는 그렇게 생각한다). 모델의 사회적 지위가 높아진 것도 어찌 보면 그녀의 덕분이었다.

사실 이와 똑같은 일이 다양한 직업군에서 일어난다. 카리스마 미용사, 카리스마 파티셰, 카리스마 소믈리에 등 한 사람의 스타가 등장하면 그 직업군 자체의 이미지가 달라지는 것이다. 그 직업을 동경하는 사람도 확 늘어난다.

직업의 가치는 사람이 만든다. 몰두하여 자부심을 품고 일하는 사람이 그 직업의 가치를 만든다. 그러나 아무리 사회적 의의가 있다고 해도 '도로를 청소하는 일에는 도저히 자부심을 느낄 수 없다'고 말하는 사람도 있을 것이다. 그 마음은 알 것 같다. 그래서 여기에 마틴 루터 킹 주니어의 유명한 말을 소개하고 싶다.

'운명적으로 도로 청소를 하게 된 사람은 미켈란젤로가 그림을 그릴 수 있고 베토벤이 작곡을 할 수 있고 셰익스피어가 시를 쓸 수 있도록 자신이 도로를 청소하고 있다고 생각하자.'

당시 미국에서 운명적으로 도로를 청소할 사람이란 말할 것도 없이 흑인이다. 그래서 킹 목사가 '어떤 일에나 가치가 있으며 어떤 사람이 그 일을 하느냐에 따라 모든 직업이 숭고해질 수 있다'고 말한 것이다.

그는 도로를 청소하는 일에도 그림을 그리고 음악을 만드는 일과 똑같은 가치가 있다고 말했다. **직업의 가치는 그 일을 누가 어떻게 수행하느냐에 달려 있다.** 즉 그 일을 수행하는 사람의 인간으로서의 가치가 중요하다. 그렇기 때문에 도로를 청소하는 일에도 미켈란젤로나 베토벤이 하는 일과 똑같은 가치가 있다는 것이다.

반복하여 말하지만 똑같은 일이라도 누가 어떤 가치를 찾아서 부여하느냐에 따라 의미가 전혀 달라진다. 호텔 도어맨을 예로 들어 보자. 도어맨은 접수원 등에 비해 별로 인기가 없는 직종이다. 1년 365일, 아침부터 저녁까지 같은 일을 반복해야 하기 때문인 듯하다. 예진에 호텔 오쿠라에 전설적인 도어맨이 있었다. 그는 몇 만 명이나 되는 고객, 택시 기사의 얼굴을 다 기억하여 두 번째 만날 때는 반드시 이름을 불러 주었으므로 저명인사들의 사랑을 독차지했다고 한다.

그는 저명인사들에게만 친절했던 것이 아니다. 불만 가득한 고객, 건방진 고객, 술에 취한 고객, 누가 보아도 자주 이용할 것 같지 않은 고객까지도 진심으로 정중하게 대했다. 요코하마의 뉴그랜드 호텔에도 그런 도어맨이 있다고 한다.

그렇다. 그들은 도어맨으로서의 미션을 알고 자신의 일에 가치를 부여했다. 일에 가치를 부여한다는 것은 그런 뜻이다. 다른 사람들이 전설의 도어맨이 되지 못한 것은 그들이 도어맨으로 일하는 자신을 진심으로 자랑스러워하지 않았던 탓이 아닐까?

'지금의 나는 진짜 내가 아니야. 나는 원래 도어맨이 아니라 도어맨의 정중한 서비스를 받는 고객이어야 해.'라고 생각했을지도 모르겠다.

하지만 **'이왕 도어맨으로 일한다면 세계 최고의 도어맨이 되자'고 결심하면 어떨까?** 다만, 하고 싶어도 못하게 될 수 있으니 서둘러야 한다. 보통의 회사는 인원 순환을 위해서 주기적으로 인사 이동을 실시하니 말이다. 그런 생각으로 오늘을 소중히 여기고 지금 주어진 일에 가치를 부여하자.

훌륭한 도로 청소부나 도어맨이 흔하지 않은 것은 아마도 주변에서 그런 사람을 그 자리에 내버려두지 않았기 때문일 것이다. 요즘 IT 업계, 금융 업계, 인터넷 업계, 컨설팅 업계에서 새로운 직업과 회사가 우후죽순처럼 솟아나고 있다. 그 결과 다행인지 불행인지, 얼마 전까지 그랬던 것처럼 회사명과 직업명으로 사람의 지위와 능력을 추측하기가 어려워졌다. 오히려 '이 사람이 그 회사에 다닌다고? 그 회사도 별 볼일 없구나.'라는 생각을 자주 하게 된 느낌이다.

그러니 이름도 알려지지 않았고 대체 무슨 일을 하는지도 알 수 없지만 '그래도 **이 사람이 다니고 있으니 분명 훌륭한 회사일 거야. 분명 멋진 일을 하고 있겠지?'라고 생각하게 만드는 사람이 되어 보자.** 나는 정말 그런 사람이 되고 싶다(늦었다고?).

지금의 일에 가치를 부여하는 방법 ━━━━━━

어떤 일을 해도 미션을 잊지 말자

그러면 어떻게 해야 지금 하는 일에 가치를 부여할 수 있을까? 그 답 역시 미션, 즉 사회적 의의에 있다. 예전에 스타트 업을 준비하느라 분주하게 출자자들을 만나고 다니는 지인이 있었다. 어떻게 되어 가느냐고 물었더니 AI 프로그래밍을 배우는 우수한 대졸 사원을 벌써 5명이나 채용했다고 했다. IT 엔지니어는 어디에서나 인기가 많아서 일반 사원의 2배, 3배의 급여를 제시해야만 고용할 수 있는 상황이었는데 완전히 무명인 데다 아직 문을 열지도 않아서 앞으로 어떻게 될지 전혀 모르는 신생 회사가 5명이나 채용했다니!

지인에게 비결을 물었더니 역시 미션이라고 답했다. 그는 지원자들에게 '회사를 이렇게 키우겠다'는 비전에 앞서 '앞으로 우리가 할 일이 얼마나 참신하면서도 사회에(또 세계에) 필요한 일인지'를 설명했다고 한다.

그리고 그 미션을 실현할 기술을 개발할 수만 있다면 그야말로 사회에 일대 변혁이 일어날 것이고 자신들의 회사는 그야말로 탄탄대로를 걷게 될 거라고 말했다고 한다. 우수한 인재들은 그의 미션에 대한 열정에 깊이 매료되었을 것이다.

당신이 상사로서 부하를 성장시키고 싶다면 그와 당신의 일에 어떤 의미가 있는지를 서로 이야기할 필요가 있다. 만약 주변의 어떤 사람도 당신의 일의 의의를 알려 주지 않는다면 스스로라도 의미를 찾아야 한다.

앞서 이야기했듯 기본적으로 자신의 일에서 스스로 의의를 찾고 가치를 창출하는 사람이 성장한다. 아무리 하나의 톱니바퀴처럼 하찮아 보이는 일이라도 넓고 긴 안목으로 바라볼 줄 아는 사람, 그리고 그 연장선상, 또는 그 배후에 서서 일의 전체상을 볼 줄 아는 사람이 성장한다.

그들은 자신이 그 일을 통해 무엇을 이뤄야 할지 다른 사람이 말해 주기 전에 스스로 판단하므로 자발적으로 일한다. 그러면 일이 재미있어져서 더 빨리 성장한다. 그리고 그런 과정이 일 자체에 가치를 부여한다.

미션을 찾는 법

급하게 찾지 않아도 되고 도중에 바꿔도 된다

지금까지 미션이 중요하다는 이야기를 장황하게 했는데 이제 어떻게 해야 자신의 미션을 찾을지 생각해 보자. 미션을 찾는 단순한 방법이 필요했던 차에 예전에 참석한 행사에서 우연히 만났던 알바에듀 대표 다케우치 아스카(竹内明日香) 씨에게서 그 해답을 찾았다. 그가 전국 초등중학교에서 실시하는 프레젠테이션 출장 수업의 커리큘럼에는 다음과 같은 공식이 있다.

〈내가 해결하고 싶은 사회 과제 × 내가 잘하는 일〉

그는 먼저 학생들에게 지금 해결해야 할 사회 문제가 무엇인지 생각해 보라고 한다. 그리고 자신이 그 문제를 해결하기 위해 무엇을 할 수 있는지 생각해 보라고 한다. 그렇게 도출돼 나온 답이 바로 그 학생이 좋아하는 일이다.

동시에 그것은 내가 말했던 미션이기도 하다. 처음부터 단순히 좋아하는 일을 직업으로 삼으라고 말한다면 학생들 대부분이 '내가 무엇을 좋아하는지 모르겠다'고 대답할 것이다. 기껏해야 아이돌 가수가 되고 싶다거나 유튜버가 되고 싶다거나 유명 기업인처럼 창업을 하고 싶다고 할 것이 뻔하다. 그게 아니면 의사가 되고 싶다, 공무원이 되고 싶다고 할지도 모르겠다.

그러니 사회 과제가 무엇인지를 먼저 묻는 것이 좋다. 그러면 자신이 세상에 어떻게 공헌할 수 있을지 생각하게 된다. 미션이 강한 것은 그처럼 자신이 누군가에게 도움을 줄 수 있다는 실감, 즉 자기 긍정감을 동반하기 때문이다. 그래서 미션은 급하게 찾지 않아도 되고 한 번 정했다가 도중에 바꾸어도 된다.

대개 학생 때는 생각해 낼 수 있는 사회 과제가 한정되기 마련이지만 세상을 배울수록 더욱 구체적인 사회 과제를 생각해 낼 수 있다. 미션은 그때 찾아도 늦지 않는다.

평범한 이류와 평범한 일류의 커다란 차이

WANT TO 문제와 HAVE TO 문제

그래서 좋아하는 일, 하고 싶은 일을 찾았다면? 일단 축하한다! 세상에는 특별히 하고 싶은 일이 없는(하기 싫은 일은 많지만!) 사람, 하고 싶은 일은 있지만 그 일을 할 수 없는 사람이 넘쳐난다. 그런데 당신은 하고 싶은 일이 있는데다 그 일을 할 수 있으니 얼마나 행복한가(비꼬는 게 아니라 진심이다)!

이제는 그 I WANT TO~를 유지하기만 하면 된다. 사람은 스스로 좋아서 시작한 일조차 어느 새 I HAVE TO~로 바꾸어 버리기 쉽다. 이렇게 말하는 나 역시 스포츠클럽이나 피아노 학원에 비싼 수업료를 내 놓고도 막상 휴일이 되면 가기가 싫어져서 가야 한다며 자신을 재촉해야 한다.

일은 말할 것도 없다. 처음에는 이 일을 하고 싶다는 소원이 성취된 기쁨에 어쩔 줄을 몰랐지만 시간이 흐르는 동안 그것마저 해야 하는 일로 변해 버렸다. (난 조금 다르다. 지금도 이 일이 하고 싶어서 하고 있다)

평범한 사람은 가만히 내버려 두면 WANT TO를 HAVE TO로 바꿔 버린다. 하지만 WANT TO를 유지하는 사람은 일류가 될 수 있다. 그렇다면 어떻게 해야 WANT TO를 유지할 수 있을까?

그러려면 매번, 매 순간마다 선택을 해야 한다. 언제나 하고 싶어서 이 일을 한다는 마음가짐을 선택해야 한다. WANT TO는 자신의 책임 하에 주체적으로 선택하여 하는 일을 의미한다.

반면 HAVE TO라는 말에서는 억지로 하는 듯한 피해자 의식이 느껴진다. 즉 책임을 자신의 외부로 돌리는 느낌이다. 이런 사람은 일이 잘되지 않았을 때도 남 탓, 환경 탓을 하기 쉽다.

즉 우리가 WANT TO를 HAVE TO로 금세 바꾸어 버리는 것은 실패했을 때에도 자신을 부정하거나 의기소침해지지 않기 위해서였다. 다시 말해 그런 태도와 생각을 위험 회피 수단으로 이용한 것이다.

그렇다고 자신이 하고 싶은 일을 마음껏 하며 사는 사람이 가족을 부양하기 위해 자신에게 주어진 일을 착실히 수행하는 사람보다 낫다는 말은 아니다. 그 역시 동의하기 어려운 사고방식이다.

WANT TO를 HAVE TO로 바꾸어 버리는 수많은 사람들도 WANT TO로 그대로 유지하는 사람도 그저 평범한 사람이다. WANT TO를 그대로 유지하는 사람은 그나마 평범한 일류라 할 수 있다. **진짜 일류는 HAVE TO를 WANT TO로 바꾼다. 해야 하는 일을 하고 싶은 일로 바꾸는 것이다.** 즉 진짜 일류는 지금 하는 일을 주체적으로 선택한 일로 만든다.

과연 나는 어디에 속할까? 주로 평범한 일류였다가 가끔 평범한 이류가 되기도 하고 아주 가끔은 진짜 일류가 되기도 하는 사람인 듯하다.

한 순간에 불행해지는 법,
시간이 좀 걸려 행복해지는 법 ——————

모든 것을 스스로 선택하기를 선택하라

내가 아직 10대였던 옛날 〈Love Story〉라는 영화가 한 시대를 풍미했다(적어도 미국과 일본에서는 크게 히트했다). 하버드 대학에서 만나 첫눈에 반한 두 사람이 집안의 반대를 극복하고 결혼하지만 얼마 못 가 여성이 백혈병으로 죽는다는 내용이다. 로미오와 줄리엣에서도 활약했던 집안의 반대와 불치병(대개 여자가 백혈병이나 골수종으로 죽음)이라는 단골 장치가 합쳐진 것이다. 거기에 당시 인기를 끌었던 프란시스 레이(Francis Lai)의 달콤한 선율을 배경에 깐, 그야말로 LOVE STORY의 정석이었다.

사람들은 그 전략을 알면서도 보기 좋게 넘어가 주었다(이 영화를 본 중년층은 겨울의 록펠러 센터 앞 아이스링크를 볼 때마다 왠지 모르게 코끝이 찡해진다고 한다).

그 영화의 홍보 문구도 유명했다. Love means never having to say you are sorry −사랑이란 절대 후회한다고 말할 필요가 없는 것.

'후회하지 말자. 후회하지 않는다고 결단할 수 있는 결단을 하자.'가 내 신조인데, 어쩌면 10대에 본 〈Love Story〉가 영향을 미쳤는지도 모르겠다.

사랑에 대한 후회는 따로 이야기하기로 하고 여기서는 일 이야기를 해 보자. 나는 지금까지 후회를 방지하기 위해 내 책임으로 결단 내리기를 계속해 왔다. 중요한 결단을 내릴 때 이런저런 사람의 의견, 충고를 참고하기는 하지만 결국은 내 의지에 따라 주체적으로 결정을 내린다. 그래야 실패로 끝나도 후회가 없다.

한편, 마음이 약해지거나 머릿속이 혼란스러워서 진심으로 동의하지 못하는 다른 사람의 의견을 받아들이고 나면(그러면 대부분 생각지 못한 결과가 나온다) 후회가 남는다. 결과에 대해서가 아니라 내 책임으로 결단하지 못한 것을 후회하게 되는 것이다.

이처럼 단호하게 말할 수 있는 것은 당연히 아픔을 겪었기 때문이다. 결과적으로는 그 실패 때문에 디스커버를 맡았으니 잘 된 일이긴 하지만 그 결단의 과정 자체는 지금도 후회스럽다. 남의 의견에 따르지 말라는 말이 아니다. 누군가를 믿고 따르는 건 좋은 일이다. 다만 다른 사람의 의견을 자기 책임 하에 주체적으로 선택해야 한다는 말이다. 바꿔 말하면 단순히 그 의견을 통째로 받아들이지 말고 스스로 그의 의견을 따르기로 결정하라는 것이다.

자신의 결단의 결과에 대한 책임을 외면하거나 다른 사람에게 미뤄서는 안 된다. 그런 태도는 반드시 후회를 낳는다. 경영적 판단을 내릴 때도 마찬가지다. 당연한 일이지만 나는 사장으로서 작은 일에서부터 큰 일에 이르기까지 셀 수 없을 만큼 많은 결단을 내려왔다. 작은 결단으로는 초판 부수나 증쇄 여부, 최종 디자인에 대한 결정을 들 수 있는데, 나는 그때마다 절대 양보할 수 없는 한두 가지 이외에는 현장 담당자의 제안을 최대한 존중한다. 하지만 그렇게 해서 잘 안 팔렸을 때는 '내 결정이니까 신경 쓰지 말라'고 말하면서도 속으로는 담당자 탓을 하게 된다. 역시 난 소인배인가 보다.

한 순간에 불행해지려면 후회하라. 후회하고 싶다면 남에게 결정을 맡겨라. 반면, 시간이 조금 걸리더라도 행복해지고 싶다면 자신의 책임으로 주체적인 결단을 내리자. 결과가 어떻게 나오든 그런 자세가 자신감과 자기 긍정감, 행복감을 낳는다. 그런데 일터에서만 자신의 책임으로 주체적 결단을 내려야 하는 것이 아니다. 개인적인 영역에서도 마찬가지다.

『화내지 않는 연습』으로 잘 알려진 젊은 승려 고이케 류노스케 씨는 아프거나 가려운 감각, 생리적 반응마저 스스로 선택하는 것이므로 얼마든지 느끼지 않을 수 있다고 말하며 자신의 이마에 앉아 피를 빠는 커다란 모기를 아무렇지 않은 표정으로 내버려 두는 모습을 보여주기도 했다.

일반인이 그처럼 감각을 제어하는 경지에 도달하기는 어렵겠지만 감정이라면 이야기가 다르다. 누구나 자신의 감정을 선택할 수 있다. 지금 느끼는 불쾌한 감정이나 슬픈 감정, 그리고 지금의 얼굴, 체형, 기억력과 운동 신경을 물려준 부모를 원망하는 감정까지도 전부 다 스스로 선택한 것이다. 이것은 디스커버의 회장이며 코칭의 일인자인 이토 마모루(伊藤守) 씨에게서 배운 교훈 중 하나다. 상황은 같지만 느끼는 감정은 제각각이다. 그리고 그것은 성격의 문제가 아니라 선택의 문제다.

그런 마음가짐으로 살다 보면 자신의 감정에도 책임이 따르며 스스로 감정까지 제어할 권리가 있음을 알고 핑계대지 않을 수 있다. 모든 것을 스스로 선택하기로 선택하자. 이것이 행복에 이르는 최고의 방법인지도 모른다.

앞서 후회하지 않는 방법을 이야기할 때와 달리 '~인지도 모른다'는 모호한 말투를 쓴 것은 이것이 행복에 이르는 최고의 방법인지 아직 확신이 없기 때문이다. 그래도 내 생각이 맞을 가능성이 꽤 높은 듯하다.

결단도 습관이다

이럴 때일수록 논리적 사고를!

그러면 스스로 좀처럼 결정하지 못하는 사람, 결단력 없는 사람은 어떻게 하면 좋을까? 답은 오직 연습이다. 결단도 습관이다. 그런 의미에서 어릴 때부터 스스로 결정할 기회가 많았던 장남, 장녀(어디로 갈지, 무엇을 먹을지 결정할 때 동생보다 의견을 존중받는 경향이 있다), 학급위원 및 동아리 회장을 자주 맡았던 사람이 유리할지도 모르겠다. 그렇지 않은 사람에게는 오로지 연습뿐이다.

'점심에 무엇을 먹느냐', '회식 때 어느 식당을 예약하느냐' 같은 사소한 일부터 주체적으로 결정해 보자. 처음에는 조금 실패해도 괜찮다. 다음에는 조금씩 더 큰 결정에 도전하면서 후회 없이 결단하는 연습을 하자. 그 과정에 논리적 사고의 기본이 도움이 될 것이다.

아래 도표는 MECE(누락 없이, 중복 없이)라는 사고 도구를 나타낸다. 이것을 활용하여 특별히 누락이 없도록 선택지를 열거해 보자. 누락 없이 선택지를 생각해 내는 데에는 로직 트리가 유용하다.

'만약 이렇게 된다면', '그래서 또 만약 이렇게 된다면'의 순서로 사고를 전개하며 다양한 가능성을 상정하고 그중에서 최선의 선택지를 고르면 된다. 그러나 논리적으로 최선이라고 판단되는 선택지와 느낌이 좋은 선택지가 항상 일치하는 것은 아니다. 결국에는 직감으로 대충 고르게 될지도 모른다.

그래도 로직 트리를 활용해 선택지를 누락 없이 열거하는 작업을 거쳐야(머릿속으로라도) 나중에 후회가 없다. 설령 결과가 좋지 않아도 '가능한 모든 선택지를 검토한 다음 직감에 따라 최종적으로 선택했기에 당시로써는 최선이다'라고 자신의 책임을 인정할 수 있다.

로직 트리와 비슷한 도구로는 이슈 트리가 있다. 이슈 트리는 통째로 분석하기에 규모가 너무 큰 문제를 잘게 분해해서 하나씩 해결해 나갈 때 쓰인다. 우리를 괴롭히는 문제는 대개 하나의 큰 문제가 아니라 몇 가지 문제가 뒤엉킨 덩어리기 때문에 그런 문제를 해결할 때 꼭 필요한 도구다. 일이 재미없다면 이슈 트리로 문제를 분해해 보자. 그리고 각각의 문제에 대한 해결책을 생각해 보자.

마지막까지 해결되지 않고 남은 문제는 무엇인가? 논리적 사고력을 연마하려면 비판적으로 사고하는 습관을 들이는 것이 좋다. 비판적 사고란 과연 문제가 무엇인지 자문하며 문제의 본질에 다가서는 것을 말한다. '과연 지금의 내 과제가 정말로 일에 있는가?'라는 식으로 말이다.

이런 문제 해결 기술은 인생에서 큰 결단을 내리고 일상적 문제를 해결하는 데에도 큰 도움이 된다. 결단의 기본은 비즈니스든, 사생활이든, 똑같다. 즉, 결단의 기본은 논리적 사고로 선택지를 생각해 내 열거한 다음 직감으로 고르는 것이다.

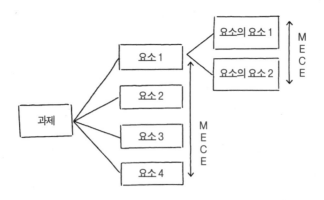

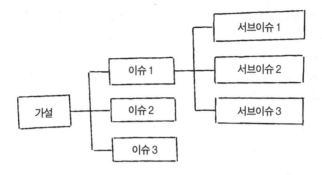

일 하 는 사 람 을 당 황 시 키 는 10 가 지 말 〈4〉

꿈을 이룬다

Work. What should I do?

꿈 따위는 모른다.
이상, 야심, 망상은 알지만

스스로 누군가의 꿈이 되어라

'꿈을 이루라'는 말 역시 '취미를 직업으로 삼으라'는 말처럼 듣기는 좋지만 일하는 사람을 불행하게 만든다. '당신의 꿈은 무엇입니까?', '꿈을 이루세요.', '꿈을 가지세요.'라는 말을 들으면 곤혹스럽다는 사람이 많다.

이렇다 할 꿈이 없는 자신이 어딘가 모자란 사람처럼 느껴지고 '모두들 꿈을 위해 열심히 노력하고 있구나.'라는 생각에 자신이 뒤떨어진 존재로 생각되는 것이다. (심리 묘사가 이렇게 쓸데없이 구체적인 건 내 이야기라서 그렇다) 잡지사에서 일하다 보니 구체화시키고 싶은 기획, 시험해 보고 싶은 일들이 줄줄이 생겨났다. 출판사를 경영하는 동안에는 '전국 서점에 디스커버 코너를 만들고 싶다', '밀리언셀

러를 내고 싶다', '전 세계에 디스커버 로고를 알리고 싶다'는 꿈이 차
례차례 생겨났다. 기획안을 작성할 때마다 '이 메시지를 최대한 많
은 사람에게 전달하여 학교 교육을 바꾸고 싶다', '의료를 바꾸고 싶
다', '법률을 바꾸고 싶다'는 의욕이 샘솟았다. 그러나 그것들은 정확
히 말하면 꿈이 아닌 사업 비전이다. 또는 그 당시의 목표다. '이것
을 이루기 위해 산다!'고 말할 수 있는 꿈이 아닌 것이다.

젊을 때 내 꿈은 마음에 드는 옷을 발견하고도 며칠씩 고민하
다가 결국 못 사게 되는 상황을 경험하지 않고 옷을 사는 것이었다.
세속의 욕심을 버리는 것이 아니라 오히려 그 반대였던 것이다. 샤
넬을 지적이고 단아하고 고급스럽게 입는 사람이 되고 싶었다. 단
순히 그 정도였다.

그래도 지금까지 잘 살아 왔다. 그래서 '그 정도'라고 말할 수
있는 것인데 나처럼 '그 정도면 충분하다'고 생각하는 사람에게는 내
이야기가 반갑게 들릴 것 같다. **고상하고 원대한 꿈이 없어도 자신
의 일을 열심히 즐기다 보면 나름의 비전이 생겨나고 목표가 차례차
례 나타날 것이다.** 그러면 언젠가 목표가 미션으로까지 이어진다.

미션은 나중에 추가해도 괜찮다. 일시적이어도 괜찮고 도중에
바꿔도 아무 문제없다. 그래도 미션이 없는 것보다는 있는 게 낫다.
'이게 아니네', '저것도 아니었네'라며 바꿔 나가다 보면 자연스럽게

자신의 방향성이 보일 것이다. 그리고 그 너머에 막연한 꿈이 보이기 시작할 것이다. 하지만 결국 보이지 않아도 괜찮다. 그런 당신을 동경하는 사람이 분명 나타날 테니 말이다. '저 정도라면 나도 할 수 있을 것 같다'며 용기를 내는 후배가 분명 나타날 것이다. 꿈을 억지로 찾기보다 스스로 누군가의 꿈이 되기 바란다.

헝그리 정신이 없는 사람은
어디서 동기를 찾을까?

큰 야망이나 꿈이 없어도 꽤 멀리까지 갈 수 있다

꿈이 없다면 과연 무엇이 동기를 부여해 줄까? 나는 원래 특별한 꿈도, 부자가 되겠다는 야망, 유명해지고 싶다는 욕구도 없었다. 가난했던 시절에 권력을 휘두르며 나를 무시했던 사람들에게 복수하겠다는 전형적인 헝그리 정신이 있던 것도 아니다.

하물며 남자들처럼 성공하고 인기를 끌어서 자손 대대로 떵떵거리며 살게 해 주겠다는 생각도 없었고 연예인 애인이나 미남 배우자를 앞세워 동성 집단의 부러움을 사고 싶은 마음도 없었다. 더구나 여성은 인기와 성공이 직결되기는커녕 서로 상충되는 경향이 강하니 말이다.

그렇다면 나는 일의 동기를 어디서 얻었을까? 사실 나도 의아하다. 아마 첫 번째 동기는 자립이었던 것 같다. 어머니로부터의 자립, 남성으로부터의 자립, 내 손으로 벌어서 좋아하는 것에 자유롭게 돈을 쓸 수 있는 경제적 자립, 시시콜콜 지시받지 않고 내가 좋아하는 일, 내가 옳다고 생각하는 일을 스스로 책임지고 실행할 수 있는 행동의 자립, '이 사람과 헤어지면 살아갈 수 없으니 참는다'며 누군가에게 의존하지 않고 살아갈 수 있는 정신적 자립 등.

그러려면 일을 해야 한다고 고등학교 때부터 생각했다. 그리고 그런 삶을 함께할 수 있을 듯한 남자, 그런 삶을 방해하지 않을 듯한 직업을 골랐다(고 생각한다). 지금은 원하든 원치 않든 귀족 계급을 제외하고는 맞벌이가 기본이라서 여성이 일하는 것이 당연해졌다. 그래서 남편에게서 자립이라는 말이 피부에 와 닿지 않는 사람도 많을 것이다. 하지만 고도 경제 성장기 때의 여성으로서는 그것이 꽤 커다란 야망이었다.

남녀 고용 기회 균등법이 실행되기 한참 전이라 의사나 변호사 같은 고소득 전문직, 이공계 등의 연구직을 제외한 모든 여성이 4년제 대학을 졸업하고도 일반직으로 취업해 전문대졸과 똑같은 대우를 받아야 했던 시대다. 학회실이나 동아리 선배를 통해 채용 소식을 접했고 학교 추천이나 지인 소개가 절대적인 영향력을 행사하는 연고 채용이 대부분이었다. 그럼에도 초임은 남성의 수준에 한참 못 미쳤다. 그래서 지금처럼 많은 기업에 원서를 넣거나 시험을 볼 필요도 없었다(하고 싶어도 못 했겠지만, 특히 여성은).

그나마 교사 등 지방 공무원, 국가 공무원, 대중매체 관련 직종은 적어도 대외적으로는 남녀평등을 내세우고 있었다. 특히 공무원은 시험에만 붙으면 누구나 될 수 있었다. 그래서 국가 공무원 시험과 출판사 면접에 응시했고 둘 중 더 화려해 보이는 출판을 골랐던 것이다. 내 원래 꿈은 편집자가 아니었다. 하물며 출판사 사장이 될 줄은 꿈에도 몰랐다.

출판사도 내가 처음부터 창업하고 싶어서 창업하고 혼자 실무를 시작한 것이 아니다. 나에게 회사를 부탁하며 필요한 것을 준비해 준 사람이 있었다. 이토 마모루 씨다. 그의 꿈을 함께 이루고 싶은 마음이 생겼을 뿐, 나 스스로는 그 비전을 그리지 않았다. 물론 시작하고 나니 비전이 조금씩 명확해졌고 디스커버가 사회에 존재하는 의의, 즉 미션까지 생각하게 되었다. 그리고 입 밖으로 말하고 다녔더니 그것이 내 자신의 미션이 되었다. 그래도 어쨌든 최초의 동기는 자립이었다.

여기서만 하는 말이지만(!), 나는 우리 회사의 몇몇 베스트셀러가 강조하듯 '일하는 이유'를 찾아내야 하는 이유를 잘 모르겠다. 나에게 이유는 중요하지 않았고 일단 일을 해야 자립을 할 수 있을 뿐이었다.

하지만 그럭저럭 회사가 커 나가기 시작하자 내 자립은 아무래도 상관없어졌다. 대신 회사의 자립과 발전을 위해 다시 힘을 내야 했다. 시간이 흐를수록 대학을 졸업하고 사회생활을 시작할 때와는 다른 동기가 필요해진다. 그 동기가 매력적인 배우자와 결혼하는 것이나 〈포브스〉에 실릴 정도로 자산을 축적하는 것이 아니었던 나의 경우, 지난 30여 년 동안 이런저런 일을 겪고 분투하는 중에도 언제나 나 자신을 앞으로 나가게 만들었던 동기는 두 가지다.

첫째는 동기라고 해야 할지 단순한 조건 반사라고 해야 할지 모르겠지만 반항심과 반발심이었다. 기성 개념, 기득권, 전례 우선주의에 대한 조건반사적 반발심 말이다.

잡지의 일개 편집자였던 내가 디스커버를 떠맡고 나서 알게 된 출판 유통 구조가 대표적이다. 특히 기득권을 쥔 출판사와 신생 출판사의 거래 조건(할인율 및 지불 기한)이 크게 다른 것을 이해할 수 없었다(매출이 아니라 기득권에 따른 차이이므로 신생 업체에게 절대적으로 불리했다).

아무 연줄도 없이 출발한 신생 출판사가 자신들의 방식인 직거래(중개를 통하지 않고 서점과 직접 거래하는 것)를 끝까지 관철하고 결국 업계에서 직거래 규모 1, 2위를 다투게 된 것은 당연히 사원들이 애써준 덕분이지만, 이 조건 반사적 반발심이 몇 번의 고비에서 등을 떠밀어 준 덕분이기도 하다.

두 번째 동기는 책임감이었다. 또래 남성들처럼 처자식을 부양해야 한다는 책임감은 없었지만 이런 정체 모를 회사에 들어와 준 사원들에게 책임감을 느꼈다. 그리고 무엇보다 나에게 경영을 맡겨 준 사실상 소유주 이토 씨에 대해서도 책임감을 느꼈다. 나아가 이미 하나의 생물처럼 느껴지는 회사와 디스커버라는 브랜드, 그 너머에 있는 독자에 대한 책임감도 빼놓을 수 없다.

그러다 보니 처자식을 지키고 가정을 지킬 책임을 완수하기 위해 일이 힘들어도 꾹 참고 버티는 남성들의 마음을 조금 이해하게 되었다. 힘들기만 한 것이 아니라 사실은 책임을 다하는 나 자신에게 심취할 권리를 일종의 보수로서 누리고 있다는 사실도 알게 되었다.

커다란 야망과 야심, 헝그리 정신, 원대한 꿈이 없어도 사람은 다양한 동기로 일을 성취할 수 있다. 그러므로 동기 부여가 되지 않는 것을 헝그리 정신이 없고 꿈이 없는 탓으로 돌려서는 안 된다.

그래도 내가 남성들처럼 세속적 야심(회사 돈 수십 억 원을 들여 베르사유 궁전에서 불륜 상대와 재혼식을 개최한다던가)이 조금만 있었다면 회사를 더 크게 만들 수 있지 않았을까? 나 역시 궁금하긴 하다.

할 이유는 없고 하지 않을 이유는 많다. 그렇다면 하자

일하는 이유를 곰곰이 생각하고 있다면 주의가 필요하다

당신은 대체 왜 일하는가?

누구나 한 번은 이런 생각을 해 보았을 것이다. 이것은 왜 사느냐만큼이나 철학적인 문제다. 사실 이런 생각을 한다는 것은 당신이 정신적인 위기에 빠져 있다는 뜻이다. 사람은 인생이 잘 풀릴 때는 그런 생각을 하지 않는다. 항상 그런 생각을 하는 사람도 있겠지만 극히 일부에 불과하다.

'철학자란 끊임없이 생각하지 않으면 망가지는 사람이다'라고 어떤 철학자가 책에 쓴 것을 보고 묘하게 마음이 놓였던 것이 기억난다. 그때까지 철학자들에게 왠지 모를 열등감을 느꼈던 모양이다.

일하는 이유, 사는 이유, 누군가를 좋아하는 이유, 결혼하는 이유 등, 이유를 생각하고 있다면 주의가 필요하다. 사실 무언가를 하는 데 이유 따위는 필요 없다고 생각한다. 그저 정신 차려 보니 하고 있었을 뿐이다. 너무나 하고 싶어서, 안 하고는 견딜 수 없어서, 안 하고는 살 수 없어서 했을 뿐이다.

이유는 하고 싶을 때가 아니라 하기 싫을 때 필요하다. 그럴 때는 이유를 파고들지 말고 몸부터 움직여야 한다. 그리고 다른 것을 생각하자. 이유를 생각하지 말고 더 잘할 방법을 생각하자. 어떻게 하면 지금의 일을 더 잘할 수 있을까? 그런 다음 그 일의 의미와 목적을 생각하자.

자신이 일하는 이유나 일하는 것 자체의 의미를 생각하라는 뜻이 아니다. 지금 하는 일의 사회적 의의, 즉 미션을 생각하라는 말이다. 다시 말해 사고를 외부로 돌려야 한다. 이유를 생각할 때는 사고가 내부를 향하기 쉽다. 자신만의 세계로 깊이 들어가 버리는 것이다. 그러나 의의나 방법을 생각하다 보면 사고가 외부를 향하게 된다. 외부와 내부의 방향성이 균형을 이루는 것이 좋겠지만 대부분의 사람은 그 균형점이 한 쪽으로 치우쳐 있다. 참고로 나는 외부로 치우치기 쉬운 타입인 듯하다.

과연 나는 왜 일을 할까? 불로소득이 많은 사람, 배우자 등 누군가가 가족을 부양하는 사람이 아니라면 일을 해야만 살아갈 수 있기 때문이다.

사실은 물어볼 것도 없다. 나는 살기 위해서 일한다. 매슬로의 자기실현 피라미드 중 맨 밑에 있는 생존 욕구를 해결하기 위해서다. 그렇다면 나는 왜 살까? 이것도 생각해 보면 특별한 의미가 없다. 지구 위에서나 우주에서 내려다보면 나는 그저 하나의 벌레에 불과하다. 다시 말해 정신 차려 보니 살고 있었을 뿐이다. 그래도 어차피 살 바에는 즐겁게, 행복하게 살고 싶다. 여러분도 그렇지 않은가?

'태어난 이유?'

그런 건 모른다. 오늘 사는 이유는 알겠지만

일하는 이유보다 더 어려운 것이 태어난 이유다. 그런 생각을 시작했다면 당신은 지금 위험한 상태다. 사람은 행복할 때 이유 따위를 생각하지 않기 때문이다. 내가 태어난 이유라니, 뭔가 거대한 자의식이 느껴진다. 너무 거창하지 않느냐고 면박을 주고 싶어진다.

말할 것도 없이 우연히 태어났을 뿐이다. 나방이나 길고양이와 다를 바가 없다. 뻔뻔스러운 것도 정도가 있다. 자의식 과잉도 그렇다. 미안하지만 당신이 태어난 데에는 이유가 없다. 하지만 당신이 오늘 살아 있는 데에는 이유가 있다.

당신이 오늘 살아 있는 것은 당신에게 도움 받은 사람, 장래에 도움 받을 사람이 있기 때문이다. 당신이 무심코 던진 미소에 누군가 힘을 얻었을지도 모른다. 어차피 살 바에야 즐겁게 살아 보자고 말했는데 사실 그것은 남을 위해서이기도 하다. 당신의 얼굴을 보는 주변 사람들 말이다(거울을 보아야 자신의 얼굴을 볼 수 있는 당신과는 달리 주변 사람들은 당신의 얼굴을 계속 보고 있으니까).

말로만 하지 말고 움직여서 결과를 보여줘라
하던데로만 하면 아무 일도 일어나지 않는다

하는 이유, 하지 않는 이유도 할 수 있는 이유, 할 수 없는 이유와 비슷하다. 큰 일에서부터 부품이 모자라는 DIY 가구를 조립하는 등의 일상적이고 작은 일까지, 일을 어떻게 대하느냐에 따라 세상의 인간을 두 종류로 나눌 수 있다. 첫 번째는 무조건 '할 수 있다'는 전제로 생각하는 인간. 두 번째는 무조건 '할 수 없다'는 전제로 생각하는 인간.

어느 쪽이 성공할지는 말하지 않아도 알 것이다. '할 수 있다'는 전제로 생각하는 인간이 되는 방법은 아주 간단하다. 쉽다고는 말할 수 없지만 정말 간단하다.

① '못 해'라는 말 대신 '만약 할 수 있다면'이라는 말을 쓴다.

② 일단 할 수 있는 일부터 해 본다.

③ 결과를 보여주고 피드백을 받은 다음 다시 해 본다.

쓰고 보니 요즘 한참 화제가 되고 있는 디자인 싱킹과 비슷하다. 아니, 디자이너보다는 제작자나 장인이 물건을 만드는 방법에 가까울지 모르겠다. 머리로 생각하는 동안 전혀 보이지 않았던 해결의 실마리가 일을 시작하는 순간 짠하고 나타나거나, 바쁘게 손을 움직이기 시작한 후에 아이디어가 떠오르는 일이 종종 있다. 일단 움직여야만 거의 모든 위대한(즉 노벨상을 받을 만한) 발견과 발명에 공통된 우연을 만날 기회도 생겨나는 것이다.

개도 쏘다니면 몽둥이를 맞는다지만 그렇다고 가만히 있으면 아무 일도 일어나지 않는다. 생각 못한 일이 생겼을 때도 행동으로만 사태를 타개할 수 있다. 그저 생각만 해서는 아무 일도 일어나지 않는다. 이유나 논리는 결과를 낸 다음 붙이면 된다. 수많은 위대한 발견을 이룩한 사람들이 그랬던 것처럼 말이다. **행운은 사고 과정이 아닌 실천 과정에서 찾아온다.**

내가 사고보다 행동을 우선하고 행동이야말로 사고라는 신조를 갖게 된 것은 우리 세대가 모르는 새 실존주의와 실용주의의 영향을 받았다는 증거일지도 모른다. 사고를 생각으로 바꿔 말해도 결론은 똑같다. 아무리 생각을 많이 해도 행동에 옮기지 않으면 현실에 영향을 끼칠 수 없다. 상대에게 뜻이 전달되지도 않는다.

알면서도 행동에 옮기지 않는 것은 전달받은 상대의 반응이 두렵기 때문이다. 데이트를 신청했다가 거절당하기보다는 환상에 빠져 '어쩌면 아직 희망이 있을지도 모른다'고 생각하고 싶은 것이다.

진지하게 도전해서 실패함으로써 자신의 실력을 여실히 드러내기보다, 나도 본격적으로 나서기만 하면 잘할 수 있다는 환상 속에 살고 싶은 걸까? 어쨌든 개가 쏘다니다 보면 몽둥이를 맞고, 차에 치이고 도랑에 빠질 수 있다. 개구쟁이가 던진 돌에 맞을지도 모른다(요즘 그런 아이는 없겠지만). 아무튼 위험하다.

행동에는 많든 적든 반드시 위험이 따른다. 행동은 크든 작든, 현실에 반드시 영향을 미치기 때문이다. 즉 지금과는 다른 상태를 만들어 낸다. 그리고 지금과는 다른 상태, 즉, 미지의 상태는 우리를 불안하게 만든다.

그러나 우리가 '이렇게 되면 어떻게 하지?'라고 상상하는 만큼은 위험하지 않다. 현실에는 몽둥이찜질이 아니라 맛있는 음식, 멋진 이성, 혼을 빼놓을 듯 아름다운 저녁놀, 꽃향기 같은 것이 더 많다.

다시 말해, 나는 '그저 생각만 하고 있다'고 말하는 사람을 신용하지 않는다. 위험을 짊어지지 않으려 하므로 현실을 바꾸지 못하기 때문이다. 그들은 위험 없는 안전한 곳에 머물며 말만 청산유수인 TV 속 인간들(다 그렇다는 건 아니고)과 똑같다.

적어도 직장에서는 결과물만이 평가의 대상이 된다. '사실은 좀 더 완벽하게 만들고 싶었지만 그러지 못했다'는 듯 어중간한 상태로 생산된 상품을 누가 돈을 내고 사겠는가?(요즘은 테슬라처럼 초기 상품을 발매해 놓고 고객의 의견을 수렴하여 개량을 진행하는 방식이 종종 시도되고 있다지만). "제가 사실은 일을 아주 잘합니다."라고 아무리 주장해도 그 말을 증명하지 않으면 회사가 고용해 주지 않는 법이다.

1990년대 초에 〈집 없는 아이(家なき子)〉라는 드라마가 인기를 끌었다. 나는 그 드라마를 본 적이 없는데도 당시 12살이었던 주연 배우 아다치 유미(安達祐美)의 유명한 대사는 잘 알고 있다. 내 말이 그 말이다!

'동정할 바에는 돈을 줘.'

두 가지 책

'사랑한다'고 백 번 말하지 말고 반지를 달라고!

이 세상에는 두 종류의 책이 있다. 감동이 있는 책과 감동이 없는 책. 감동이란 마음이 뭉클해지고 눈물이 흐르는 상태만을 말하는 게 아니다. 그것도 물론 감동이지만 그것이 전부는 아니다. 감동적인 책이란 독자가 느끼고 행동을 개시하게 만드는 책이다. 즉 무언가 행동을 유발하는 책이다. 그런 책은 행동을 통해 상황을 바꾼다. 다시 말해 관점을 바꿔 주는 책, 새로운 관점을 제시하는 책이다.

디스커버의 표어 역시 같은 취지를 표현하고 있다. 관점을 바꾸고 내일을 바꾼다. 관점이 달라지면 반드시 감동을 동반한 깨달음이 찾아온다. 그런데 정말로 깨달은 것인지, 깨달은 듯한 기분이 드는 것인지는 어떻게 구분할까? 그것을 구분하려면 한 가지만 보면 된다.

깨달은 후에 행동이 달라졌는가? 아무것도 변하지 않았다면 그 깨달음은 착각이다.

소위 감동적인 명작으로 불리는 소설이나 영화들이 있다. 감상한 직후에 울거나 떠들면서 감동한 시늉을 해도 한나절쯤 후에 완전히 잊어버려서 행동과 마음에 아무 변화가 없다면 그것은 가짜 감동이었던 셈이다. 그것은 관점을 바꾼 소설이나 영화가 아니었다.

우리는 작은 습관에서부터 큰 사회 변혁에 이르기까지, 행동을 일으키는 책을 만들려고 노력해 왔다. 우리는, 작은 것 하나라도 좋으니 새로운 관점이나 지금까지 알아채지 못했던 관점을 제공하는 책을 만들기 위해 디스커버가 이 세상에 존재한다고 믿는다(그 사명을 다하지 못한다면 우리가 굳이 존재할 필요가 없다).

그래서 교양서 한 권을 내더라도 아는 척하며 으스대기 위한 책이 아니라 교양을 입력해서 세상을 향해 무언가 행동하게 만드는 책을 내려고 한다(디스커버의 로고마크가 그 움직임을 표현하고 있다).

구체적으로는 어떻게 일하고 있을까? 기술적으로 다양한 방법이 있지만 근본은 다른 일과 똑같다. 우리는 언제나 행동의 변화를 지향한다. 처음부터 끝까지, 독자를 행동으로 이끈다는 목적을 잊지 않는다. 그래서 기획에서부터 책을 구성하고 표제를 붙이는 모

든 과정에서 독자의 마음을 생각한다. 앞서 언급한 〈집 없는 아이〉
의 대사를 빌려 말하고 싶다.

'사랑한다'고 100번 말하지 말고 반지를 줘.

'대단하다'고 말하지 말고 일을 줘.

'좋은데!'라고 100번 말하지 말고 지갑을 열어 줘.

생각이 실현될 때와 그렇지 않을 때

하고 싶다는 말은 단순한 희망, 생각일 뿐

생각을 아무리 많이 해도 행동하지 않으면 아무 일도 일어나지 않는다. 한때 '생각은 반드시 실현된다'는 말이 유행했는데, 이것은 반은 맞고 반은 틀린 말이다. 생각이 실현되는 것은 그 생각이 의식적으로나 무의식적으로 행동에 영향을 미치기 때문이다.

즉 행동으로 이어져야만 생각이 실현된다. 행동하지 않고는 아무것도 실현할 수 없다. 그러므로 전혀 생각 못했던 일이 갑자기 실현되는 행운을 기대하면 안 된다. 기회나 우연도 준비가 된 사람에게만 찾아온다. 설사 상상 못했던 행운을 만나도 그 나름의 생각이 있었고 그 나름의 행동이 뒤따랐기 때문에 행운이 찾아온 것이다.

'이런 회사였으면 좋겠다'는 내 생각은 이제 이루어진 듯하다.

하지만 디스커버가 연매출 1,000억 엔 규모의 회사가 되지 못한 것은 내가 그런 미래를 꿈꾸지 않았기 때문이다. 그런 의미에서는 내가 경영자로서 그릇이 작은지도 모르겠다.

'1,000억 엔짜리 회사로 만들고 싶다'고 꿈꾸었어도 현실은 지금과 비슷했을지 모르지만, 아예 생각조차 하지 않았으니 설사 요행으로 해마다 밀리언셀러가 매년 한 권씩 나왔다고 해도 그 꿈이 이뤄졌을 리 없다. 생각한다고 다 실현되는 것이 아니다. 하물며 생각도 하지 않은 일이 실현될 리 없다. 디스커버에서는 전 사원 월례회의가 끝난 후 나눔의 시간을 갖는다. 둥글게 둘러앉아 한 사람씩 지금의 생각을 나누는 것이다(사원이 10명 이하였을 때 시작된 전통인데 요즘은 인원이 100명에 육박하는지라 원이 무척 커졌다). 여기서는 기본적으로 무엇이든 이야기할 수 있지만 다음 세 가지에는 주의해야 한다.

①큰 목소리로 말한다(목소리가 작으면 잘 전달되지 않는다).

②짧게 말한다(90명이라면 한 명에 30초씩만 말해도 45분이 걸린다. 10초면 마음을 충분히 전달할 수 있다).

③'○○하고 싶습니다.'라고 말하지 않는다.

이중에서도 제일 중요한 항목이 ③이다. '하고 싶다'는 말은 단순한 희망의 표현일 뿐, 생각조차 되지 못한다. 결코 목표를 달성하겠다는 선언이 아니다. 목표를 달성하겠다는 의지를 표명하려면

'○○하겠습니다.'라고 말해야 한다. 하지만 그냥 내버려두면 다들 '○○하고 싶습니다'라고 말할 것이 뻔하다.

"이번 달에는 신규 거래처를 10곳 확보하고 싶습니다."라는 식이다.

그처럼 희망사항을 말하는 건 나도 할 수 있다. "이번 달에는 열 살 젊어지고 싶습니다."라고 말이다. **꿈을 전하는 것 자체는 좋은 일이다. 하지만 꿈을 정말 실현하고 싶다면 "○○하겠습니다!"라고 말하자.** 그리고 그 결과에 책임을 지자. 하지만 책임을 진다는 것은 질책 받을 것을 각오한다는 뜻이 아니다. 목표를 달성하든 못하든 결과를 직시하고 분석하여 다음 기회에 활용하겠다는 뜻이다. 그런 과정을 반복하다 보면 어떤 일이 일어날까? 생각이 실현된다!

일 하 는 사 람 을 당 황 시 키 는 10 가 지 말 〈5〉

롤 모델

Work. What should I do?

롤 모델이 없는 것을 핑계 삼지 말 것

스스로 다른 사람의 롤 모델이 되자

앞서 본인 스스로 누군가의 꿈이 되라고 격려했다. 그러고 나니 롤 모델이라는 말이 자연스럽게 떠오른다. 언제부터 커리어 이론이나 사원 연수에서 롤 모델이라는 말이 본격적으로 쓰이게 됐을까?

커리어 상담사라는 직업이 생겨난 후일까? 분명히 내가 젊었을 때는 그런 말이 없었다. 다행히도 말이다. 그래도 가끔 '호시바 씨의 롤 모델은 누구였습니까?'라는 질문을 받으면 답이 궁해진다. 원래부터 다른 사람과 비슷해지는 것을 싫어해 남과 다른 점을 찾고, 남과 다른 의견을 말하고, 남과 다른 방식으로 살아가는 데 가치를 두었기에 이런 질문은 꽤나 당황스럽다(내가 특별해서가 아니라 내가 젊었을 때 사회 분위기가 그랬다. 모두들 주변에 동조하기 바쁜 요즘과는 정반대로, 무엇이든 반대하는 사람이 높은 평가를 받았다).

그래서 그럴 때마다 '패션에 관한 롤 모델은 있다. 라이스 전 국무장관, 메이 전 영국 총리, 안나 윈투어 미국판 보그 편집장이다'라고 답하고 있다. 어쨌든 견본이 될 사람, 동경하는 사람이 있다는 것은 좋은 일이다.

그래도 나는 롤 모델이라는 말이 일하는 사람을 불행하게 만든다고 생각한다. 회피의 구실로 쓰이기 쉽기 때문이다. 특히 여성들은 이런저런 장애를 극복하고 새로운 방식에 도전하기가 꺼려질 때 '롤 모델이 없다'는 핑계를 자주 댄다.

롤 모델이라는 말이 본격적으로 쓰이기 시작한 것은 리더십 개발 강좌 등에서 롤 모델을 의식적으로 선택하고 분석하고 배우는 기법을 소개한 이후였다. 그때 여성들은 리더로서 롤 모델이 될 만한 여자 선배가 없이, 자신이 무엇이든 최초가 되는 상황에 처해 있었다. 그래서 '높은 곳을 지향하라'고 말해도 '롤 모델이 많은 남자들과는 다르다'라고 항변하기 바빴다.

그래서 대중매체 등에 소개된 여성을 제시하며 '그러면 이런 사람은 어떤가?'라고 물으면 '그 사람은 딴 세상에 사는 엘리트다. 우리는 그렇게 할 수 없다. 좀 더 평범한 롤 모델이 필요하다'고 말한다. 그래서 '그러면 저 사람은 어떤가?'라고 하면 '일 때문에 모든 것을 등진 듯한 그런 사람은 싫다, 지금 세대에 맞지 않는다'라고 한다.

그래서 나는 이제 이렇게 말하려 한다. 롤 모델이 전혀 없다는 것은 당신이 평범한 관리직이자 일하는 엄마로서 다른 사람들의 롤 모델이 될 수 있다는 뜻이 아닌가? 해당 분야에 롤 모델이 없는 지금 이야말로 당신이 선구자가 될 수 있는 기회다! 자신을 다른 사람과 차별화하여 고유한 가치를 창출할 기회가 주어진 것이다.

사실 최근 10년 동안 다양한 분야에서 여성들이 활약하기 시작했다. 육아 휴직을 쓰는 남자 사장, 회사를 여럿 만들고 키워 팔아서 큰 부자가 된 20대 청년, 도쿄 대학을 졸업하고 대기업에서 일한 경력이 있는 연예인 등 다양한 선구자가 대중매체를 떠들썩하게 만들었다.

그들은 롤 모델을 찾으려고 애쓰기보다 그때그때 최선의 선택을 거듭함으로써 스스로 후배들의 롤 모델이 되었다. 앞서 롤 모델이라는 말이 일하는 사람을 불행하게 만드는 것은 그 말이 핑계로 쓰이기 쉬워서라고 했다. 그러나 그 말은 다른 이유로도 일하는 사람을 불행하게 만든다.

최근 10년 동안 세상이 점점 더 급격히 변하게 된 것을 생각하면 10년, 20년 전의 세상을 살았던 선배들의 행동 양식과 사고방식은 지금의 상황에 맞지 않는다.

그 변화가 연속적, 직선적이었다면 그마나 낫겠지만 비연속적일 경우 거의 속수무책이다(상당히 긴(시간상으로) 커리어를 쌓은 나 역시 과거의 비즈니스 모델을 활용했던 사람이므로 젊은이들의 롤 모델이 될 수 없다! (물론 미안하게 생각한다).

물론 인간의 본질이나 스스로 변화를 창출하려는 의지 등 본질적인 부분은 10년이 아니라 100년, 1,000년 전의 위인들에게서도 배울 수 있다. 그러나 그들은 커리어 이론에서 말하는 일반적인 롤 모델이 아니다.

또 요즘은 프레젠테이션을 잘하는 선배, 기획안을 잘 만드는 선배, 가정을 잘 돌보는 선배, 말과 행동이 우아한 선배, 패션 센스가 뛰어난 선배 등 여러 사람에게서 각각의 뛰어난 부분을 배우라고 가르치는 곳이 많다.

하지만 이처럼 다양한 성공 사례를 통해 배우는 것은 당연한 일이므로 굳이 롤 모델이라는 말을 갖다 붙일 필요도 없다. 따라서 내가 하고 싶은 말은 결국 이것이다. 롤 모델을 찾지 말고 당신 스스로 다른 사람의 롤 모델이 되어라.

누구에게서나, 무슨 일에서나 배우자
어중간한 우등생이 어중간하게 끝나는 이유

앞서 말했다시피 내가 롤 모델이라는 말에 위화감을 느끼는 것은 특히 여성의 경우, 현재의 장애물을 뛰어넘지 못하고 포기하는 것을 롤 모델이 없는 탓으로 돌리기 쉽기 때문이다. 그래서 당신이 후배의 롤 모델이 되라고 말했다. 그렇다고 남에게서 배우지 말라는 말은 아니다. 오히려 그 반대다. 문제는 특정한 사람에게서만 배우려 하는 태도다.

취업 시즌이 다가오면 이런 질문을 가끔 받는다. "어떤 지원자가 크게 성장할까요?" 그때그때 기분에 따라 대답이 달라지는데 지금 대답하라면 학습 능력이 뛰어난 사람이라고 대답할 것이다. 얼마나 우수한지는 중요하지 않다. 도쿄 대학 의대를 나왔어도(그런 사람이 지원한 적은 없지만) 사회인으로서는 풋내기일 뿐이다. 우리 회사의 사원이 되려면 앞으로 이것저것 배워야만 한다.

학습 능력이 뛰어난 사람은 어떤 사람인가 하면 겸손하고 솔직하고 욕심 많은 사람이다. 이 말에 많은 사람이 동의하리라 생각하는데, 아주 뛰어난 사람은 의외로 겸손하다. 관공서에서도 으스대며 콧대를 세우는 사람은 대개 하급 관리다.

회사에서도 그렇다. 우수한 사람은 겸손하게 남의 이야기를 듣는다. 마쓰시타 고노스케 회장이 노트에 메모를 해 가며 신입사원의 말에 귀를 기울였다는 일화는 유명하다.

무능한 사람일수록 자신보다 조금이라도 못하면 무시하려 든다. '그 녀석한테는 배울 게 없다'고 단정하는 것처럼 말이다. 나는 그런 사람을 어중간한 우등생이라고 부른다. 회사는 이런 어중간한 우등생을 조심해야 한다. 처음에는 아는 게 대단히 많은 것처럼 떠들어댈지 몰라도 전혀 성장하지 않기 때문이다. 그들의 절정기는 입사 면접 때 이미 끝났는지도 모른다. 사회인의 공부는 대부분 사람을 통해 이루어진다. 학생처럼 교과서나 선생님에게서 배우는 것이 아니다. 같이 일하며 만나는 사람들에게 배운다.

당신은 당신이 만나는 모든 사람에게서 배울 수 있다. 뛰어난 경영자, 베테랑 상사는 물론 경비원이나 단골 식당의 사장, 화장실 청소부, 술집 주인까지, 자신의 일에 최선을 다하는 사람이라면 누

구에게나 배울 점이 있다. 단, 그러려면 당신이 겸손해야 한다.

다시 말해, 배움에 탐욕스러운 사람은 누구에게서나 틈날 때마다, 기회가 있을 때마다 배우려 한다. 자신이 갖지 못한 능력을 가진 사람, 잘하지 못하는 것을 잘하는 사람에게서 배우려 하는 것이다. 그런 자세가 바로 겸손이다.

겸손이란 단순히 언행이 정중하거나 얌전한 것이 아니다. 자신이 모르는 세계에 사는 사람, 자신이 모르는 체험을 한 사람에 대해 두려움과 경외심을 느낄 정도가 되지 못하면 진정으로 배울 수 없다. 그게 아니면 '진심으로 알고 싶다'는 마음이 들지 않는다.

상대 역시 아는 척을 하는 사람에게는 가르쳐 주고 싶은 마음이 생기지 않을 것이다. 또는 '벌써 아는 것 같으니 안 가르쳐 줘도 되겠다'라고 생각하기 쉽다. 겸손함이 배움의 입구라면 솔직함은 소화기관이다.

모처럼 정보를 얻었나 해도 그것을 자신의 일마 안 되는 경험에 억지로 끼워 맞추거나 필터를 덧대려 하면 자신의 현재 수준을 넘어설 수 없다. 일단은 그대로 받아들이자. 비판은 나중에 해도 늦지 않다.

지금까지 내가 만난 우수한 사람들은 무엇이든 그대로 흉내 내려 하는 특징이 있었다. 그들은 배움은 모방에서 나온다는 사실을 잘 알고 있었다. **어중간한 우등생이 나한테서도 배우려 들지 않고 신입 때부터 줄곧 혼자 하는 일에 집착했던 것과 대조적이다.**

예를 들어 영업부의 Y씨는 당시 같이 일했던 우수한 선배를 똑같이 따라했다. 나와 함께 해외 출장을 갔을 때도, 내가 무엇을 보고 있는지까지 꼼꼼히 관찰하며 내 발상력이 어디서 나오는지 알아내려 했다.

편집부의 I씨도 그랬다. 내 회의 방식에서부터 업무연락 작성법, 녹취록 작성법, 마감 원고 비교 검증 방식 등을 탐욕스럽게 배우려 했다.

어중간한 우등생이 혼자 하는 일에 집착하기 쉽다고 말했지만 그들이 단지 교만해서 남에게 배우려 들지 않는 것은 아니다. 그중에는 학교 공부의 '혼자 하기' 저주에서 벗어나지 못한 사람도 많다.

예를 들어 그런 사원들이 마감일이 가까웠는데도 맡은 일을 거의 진척시키지 못할 때가 있다. 그래서 어떻게 된 일인지 물으면 '잘 몰라서 헤매고 있다'거나 '생각보다 어려워서 진도가 좀체 나가지 않는다'고 대답한다. "뭐라고? 그럼 진즉에 말을 했어야지. 그랬으면 나름대로 조치를 취했을 텐데!"라는 말이 저절로 나온다.

혹시 무슨 일이든 혼자 해내는 게 훌륭하다고 생각하지는 않는가? 학교 공부는 그랬을지도 모른다. 스스로 해내는 것에 의미가 있었다. 돈을 내고 자신을 위해 공부했기 때문이다. 남에게 도움을 받다 보면 실력이 늘지 않았다. 하지만 일은 다르다.

회사는 돈을 지불한 고객과의 약속을 지키기 위해 일하는 곳이다. 목표는 기일까지 자사에 걸맞은 품질의 상품을 납품하는 것이다. 고객은 그 일을 누가 하고 어떻게 하는지에 대해서는 관심이 없다. 그저 결과를 원할 뿐, 과정을 원하지 않는다. **혼자 끙끙거리기보다 남의 손을 빌려서라도 결과를 내야 한다.**

지금 돌아보면 나는 겸손하다기보다 겁이 많았다. 내가 모르는 세계에 사는 사람들을 두려워했고 내가 모르는 세계가 너무 많다는 사실을 두려워했다. 고등학교 때는 노는 애들을 두려워하면서도 동경했고 대학에 들어가서는 현장에서 일하는 하는 남성들과 여행을 많이 다니는 세련된 여성들에게 경외심과 두려움을 느꼈다. 대학을 나와 국가 공무원이 되었다가 여성 잡지를 만드는 곳으로 옮긴 것도 그 때문이었을 것이다.

두려움과 경외심을 느끼는 대상과 거리를 유지하면서 '난 그런 세계에는 관심이 없다'는 태도로 지낼 수도 있었지만 나는 그것을 실제로 체험해 보아야만 직성이 풀리는 성격이었다.

그래서 노는 애들을 흉내 내거나 지금과 달리 불량스러웠던 모델의 유혹에 넘어가기도 했다. 그래 봤자 입구에서 한 걸음 더 내딛은 정도였지만 말이다.

지금 돌이켜 보면 간담이 서늘해지는 일도 많았기에 '용케도 무사히 잘 살고 있다'는 생각이 든다. 운이 좋았던 것인지, 상대편에서 애초에 나를 거부했던 것인지는 잘 모르겠다. 그 후에도 유명인 전업 주부의 세계, 수험생 엄마의 세계, 고위 경영인의 세계를 평소 내 방법에 따라 한쪽 구석부터 파고들어가 체험함으로써 두려움과 경외심을 차례차례 해소했다.

그게 무슨 도움이 되었냐고 묻는다면 '그 경험이 내 발상력의 원천이 되었다'고 얼버무리는 수밖에 없겠지만 확실한 것이 하나 있긴 하다. 두려움이 하나씩 줄어들 때마다 나는 자유로워졌다.

결국 모르기 때문에 두려운 것이다. 알고 보니 전부 내 세계와 크게 다르지 않은 세계였다. 겸손이란 나의 무지를 인정하고 배우려고 노력하는 태도가 아닐까? 배움에 대한 갈망이 사람을 겸손하게 만든다.

워크 라이프 밸런스

Work. What should I do?

영원히 사라지지 않는 자신만의 힘

몰두하기를 두려워하지 말라

워크 라이프 밸런스. 이것 역시 말 자체는 나쁘지 않다. 업무 개혁 법안이 통과되었으니 오해받지 않도록 조심해야겠지만 그래도 굳이 말하면 이 말 역시 커리어 플랜이나 롤 모델과 마찬가지로 일단 입 밖으로 나오면 독주하기 시작하여 이따금 우리를 당황하게 만드는 말 중 하나다.

'일에 몰두하다 보니 쉬는 날에도 길을 가다가 시점이 눈에 띄면 들르게 되고 내가 만든 책이 있는지 살펴보게 된다. 내가 일에 너무 깊이 빠진 건 아닌지, 워크 라이프 밸런스가 무너진 건 아닌지 걱정이 된다.' '대학 동기들한테는 어쩐지 부끄러워서 일에 열중하고 있다는 말을 못하겠다.'

십 수 년 전부터 신입사원들에게서 이런 말이 들리기 시작했다. 한편, '나는 일과 사생활을 확실히 구분하겠다'며 시간 외 노동을 극도로 기피하는 사원들도 생겼다. 물론 그렇게 해서 성과를 충분히 낸다면 아무 문제가 없다.

아니, 사실은 '그런 식으로도 괜찮을까?'라는 생각이 든다. 당연히 시간 외 노동이 좋다는 말은 아니다(설사 그러고 싶어도 사장이 그런 말을 공공연히 할 수는 없다). 그저 '그렇게 살면 즐거울까?' 싶을 뿐이다. 나에게 일이란 인생의 큰 즐거움 중 하나이다.

물론 일이 힘들거나 싫거나 두려울 때도 있다. 스트레스도 받는다(최근에 처음으로 이런 느낌을 받았다). 하지만 그것 또한 내 인생이다.

오해할까 봐 말하면 나는 사장이기 때문에 이러는 게 아니다. 말단 편집자였던 20대 때도 그랬다. 언제나 누군가 취미가 뭐냐고 물으면 일과 패션이라고 대답했다. 그리고 아이가 태어난 다음에는 거기에 육아를 보탰다.

상대가 "돈이 궁하지 않아서 그런 건가요?"라고 다시 물으면 "물론 일해서 번 돈으로 생활을 꾸리긴 하죠. 하지만 저는 사는 것 자체가 재미있어요."라고 대답했다.

인생의 목적이 자기실현이라면 일은 그 최고의 무대가 될 수 있다. 자기실현이란 무엇일까? 그 답으로 우리 출판사의 『비즈니스

맨을 위한 영향력 양성 강좌(ビジネスマンのための「リーダー力」養成講座)』 시리즈로도 잘 알려진, 존경하는 경영 컨설턴트 고미야 가즈요시(小宮一慶) 씨의 정의를 소개하고 싶다.

자기실현이란 '가능한 한 최고의 자신이 되는 것'이다. 그런 소중한 무대에 몰두하려 하는 자신을 저지하는 말, 일을 사생활이라는 무대를 지탱하기 위한 필요악으로 만들어 버리는 이 '워크 라이프 밸런스'라는 말이 과연 젊은이들에게 행복을 가져다주고 있을까?

물론 세상에는 도무지 자기실현의 통로라고는 생각할 수 없는 직업도 있을 것이다. 인류의 긴 역사 중 거의 모든 시대에 대부분의 직업이 그랬는지도 모른다. 그러나 다행히 현대에 태어난 덕분에 인생의 목적에 부합하는 일에 종사하게 된 사람들에게까지 구시대적 저주를 강요하고 그 행운을 빼앗으려 들지 말기를 바란다.

CCC의 마스다 무네아키(增田宗昭) 사장을 수행했던 전 관료가 인터뷰에서 그의 업무 방식을 회상한 것을 기사로 읽은 적이 있다 (지금은 기억이 조금 흐려졌지만).

한밤중에 전화를 걸어 '무언가 생각났으니 내일 아침 5시에 나오라'고 하기도 하고, 접대 골프 장소로 가는 차 안에서 2시간 동안 회의를 하는 일도 일상다반사였다고 한다. 마스다 사장은 24시간 내내 일을 생각했다. 또 무언가 생각날 때마다 집 여기저기에 비치

된 메모지에 곧바로 메모를 했다. 부하들에게도 그런 자신을 따라 하라고 권했다고 한다.

'자기 회사라서 가능한 일이야.', '부하에게 그런 걸 강요하다니, 악덕 기업이군.'이라는 목소리가 들릴 것 같다. 하지만 직원일 때에도 회사를 자기 것처럼 생각하고 일에 임하는 사람이라야 나중에 사장이 될 수 있지 않을까?

오해받을 각오를 하고 말하면 한때 일벌레로 불릴 만큼 일에 몰두했던 체험은 반드시 무언가를 스스로 이룩할 때의 자양분이 된다. 그리고 이 말도 꼭 하고 싶다. 영원히 사라지지 않는 자신만의 힘은 몰두한 상태에서만 얻을 수 있다. 그것만이 지식이 되고 지혜가 된다. 단, 악덕 기업의 희생양이 되지 않기 위해 한 가지만 주의하자.

주체적으로 몰두하자. 즉 의존하지 말자. 그러면 한동안 먹고 자는 일을 잊을 만큼 집중하더라도 급한 일이 일단락되면 다음 단계로 나아갈 수 있다. 즉 다른 일에 몰두할 수 있게 된다. 몰두하는 것도 능력이기 때문이다.

능력이라고는 했지만 선천적인 차이가 있는 것은 아니다. 유아기에는 누구나 몰두하는 능력이 있다. 다만 몰두를 방해하는 요소가 조금씩 생겨날 뿐이다. 부모나 교사가 '그림만 그리지 않고 밖에서도 좀 놀라'고 하는 것도 그중 하나다.

특히 부모의 눈에는 아이가 한 가지에만 몰두하는 것이 불안해 보이기 쉽다. '한 가지밖에 못하는 아이로 크면 어떻게 하지? 돈도 되지 않는 일인데.' '어떤 상황에서도 살아남을 수 있도록 이것저것 다 할 수 있어야 해.' (나도 반성하는 중이다. 내 자식 일이라면 갑자기 안전제 일주의로 돌아서게 되어서.)

이야기가 샛길로 빠졌지만 이왕 이리 된 김에 내가 하고 싶은 말을 정리하고 넘어가자.

① 한 가지 일에 몰두할 수 있는 사람은 다른 일에도 몰두할 수 있다. 무엇에나 몰두할 수 있는 사람이 있는가 하면 어떤 일에도 몰두하지 못하는 사람이 있다.

② 몰두하는 것도 능력이지만 그것은 누구나 가진 능력이다. 후천적인 교육 탓에 몰두하지 못하게 되었을 뿐이니 연습 (혹은 재활)을 통해 되살리면 된다.

③ 몰두해서 얻은 것만이 자신의 힘이 된다. 그래야 다음 단계로 나아갈 수 있다.

미쓰비시 상사에 근무했던 젊은 시절에 〈수프스톡〉 프로젝트를 시작하여 현재 〈수프스톡〉과 〈스마일즈〉라는 두 회사를 경영하는 도야마 마사미치(遠山正道) 씨는 '내 일은 연애와 비슷하다'고 말했다. 그리고 일과 연애의 공통점 13가지를 소개했다.

워크 라이프 밸런스라는 말의 어감이 역시 좋지 않았던지, 워크 라이프 인테그레이션(일과 생활의 일체화), 워크 애즈 라이프(생활로서의 일), 워크 인 라이프(생활 속의 일) 같은 말이 속속 등장했는데, 도야마 씨에게는 라이프 애즈 러브(연애로서의 생활), 아니 라이프 이즈 러브(생활이 곧 연애)가 어울리려나?

연애와 일은 사랑과 열정으로 이루어진다. 연애와 일은 결과가 중요하지만 과정도 즐겁다. 그러니 '너무 몰두하지 말라'며 제동을 걸지 않기를 바란다. '그 여자/남자가 뭐가 좋다고 그래?'라고 말하는 친구는 당신의 연애가 부러운 나머지 당신을 자신의 수준(일을 괴롭다고만 생각하는)으로 끌어내리려 하고 있을 뿐이다.

참고로, 일과 사생활을 확실히 구분하는 타입이라고 주장했던 신입사원은 반년쯤 후에 눈을 빛내며 나에게 이렇게 말했다. "저번 주에 여자친구와 디즈니랜드에 갔는데, 기념품 가게에서 쇼핑을 하면서도 '와, 이걸 영업에 활용하면 좋겠다'는 생각에 마음이 설레더군요. 생각해 보니 일에서 얻은 교훈이 개인 생활에 도움이 될 때도 많았습니다. 일과 사생활이 일체가 되면 인생이 즐거워진다는 게 무슨 뜻인지 이제 알 것 같네요."

그 후 그는 젊은이들을 위한 비즈니스 서적을 만드는 '진지한 비즈니스' 시리즈 프로젝트의 주요 멤버가 되어 동세대 사람들에게 진지하게 일하는 기쁨을 전파하는 일에 일익을 담당했다.

노동은 고역인가?
회사는 사원을 착취하는 곳인가?

사람은 일을 통해 행복해진다

워크 라이프 밸런스의 뒤를 이어 등장한 키워드가 업무 개혁이다. 내가 말귀를 알아들을 때부터 '일본 사람들은 일을 너무 많이 한다'는 이야기가 여기저기서 들렸다. 대중매체도 일벌레라는 말로 일에 대한 부정적인 이미지를 세뇌시켰다.

생각해 보면 내 아버지도 매일 늦게까지 일했고 일요일에도 유치원생이었던 나를 사무실에 데려가 앉혀 놓고 일을 했다. 어느 정도 직책이 높아진 후에도 언제나 바빴다. 태풍이 불 때조차 집보다 사무실을 지키러 나가는 회사 인간(아버지는 공무원이었지만)이었다.

이렇게 말하는 나 역시 대학을 졸업하자마자 들어간 잡지사 편집부에서 매월 평균 200시간의 잔업을 소화했다. 바쁠 때는 우유가 배달될 때 귀가했다가 신문이 배달될 때 일어나는, 하루 3시간 수면이 보통이었다(지금도 공무원들은 똑같을지도 모르겠다).

분명 과로다. 하지만 아버지가 젊을 때 그렇게 열심히 일했던 것은 우리 자식들의 학비가 당시 아버지의 급여만큼 비쌌기 때문이라고 한다. 게다가 아버지는 일을 좋아했고 자랑스러워했다. 결코 억지로 일하는 것이 아니었다. 하긴 나도 그랬다.

물론, 그렇다고 그때처럼 일하자는 말은 아니다. 그러나 그로부터 반세기가 지난 지금, 일본인의 평균 노동 시간은 점점 줄어들어 미국보다 적어졌다는 통계가 나올 정도다. 유급 휴가 소진율이 낮고 장기 휴가 사용자가 적다고는 하지만 세계에서 공휴일이 가장 많고 평균 연간 노동 일수도 선진국 중에서도 적은 편이다. 그런데도 아직 과로 사회를 들먹이며 노동 시간을 법률로 일괄 규제하려는 (또는 이미 하는) 움직임이 있는 것을 보면 유토리 교육 때와 비슷한 불길한 예감이 든다. 노동 시간을 줄이면 노동자는 워크 라이프 밸런스를 실현하게 되고 경제계는 전체적인 낭비를 줄이는 동시에 혁신을 일으켜 시간당 효과를 개선하게 된다. 다시 말해 생산성이 높아진다. 하지만 앞서 말했듯 원래 목적인 혁신이 없는 한 생산성이 극적으로 오르는 일은 없다.

노동 시간을 줄인다고 자연스럽게 혁신이 일어나고 아이디어가 풍부해지는 것이 아니기 때문이다. 그러나 그보다, 나는 여기서 업무 개혁이라는 말에 담긴 노동관을 생각해 보려 한다. 이 말은 '일은 괴롭다'는 전제에 기초해 있지 않은가? 너무나 서양적인 사고방식으로 일을 시련으로 보는 탓에 '여러분, 괴롭고 힘들게 일하는 시간을 조금이라도 줄여 봅시다. 그러기 위해 업무를 개혁합시다.'라고 주장하는 듯하다(그리고 보니 잡지사 편집자 시절, 경력 사원 중 기독교인이 한 명 있었는데 일에 잘 적응하지 못해서 편집장에게 야단을 맞을 때가 많았다. 그래서 내가 괜찮으냐고 물었더니 표정 하나 바꾸지 않고 '신이 주신 시련이라 괜찮다'고 대답하기에 조금 어이가 없었다. 최소한 일본인답게 '수행으로 생각한다'고 대답했다면 어땠을까?).

이런 사고방식이 너무 대중화되다 보니 평소에 일의 보수는 다음 단계의 일이라고 생각했던 사람조차 자신의 직업관에 자신감을 잃고 '혹시 내가 악덕 기업에 세뇌된 건가?'라고 고개를 갸웃거릴 지경이다.

오히려 일하기 위한 개혁을 원한다고 말하는 정치가도 있었는데, 그 말처럼 진심으로 자신의 성장과 성공을 위해 일하고 싶은 사람은 그런 직장을 만나게 될 것이다. 창업하거나 부업을 시작하여 자신에게 맞는 방식으로 일할 수도 있다.

단순히 일하는 시간이 줄어들어서 기뻐하는 사람과 자신을 위해 일하는 사람은 결국 능력 면에서나 경제력 면에서 큰 차이가 나게 될 것이다. 유토리 교육 때처럼 그저 '공부 시간이 줄었다'고 좋아하다가 '학력 격차가 커졌다'며 당혹스러워하게 되지 않을지 걱정이다.

'사람은 일을 통해 행복해진다.' 이것은 15년쯤 전, 내가 『WORK』라는 책을 번역하여 출간할 때 붙였던 부제다. 이 제목이 마음에 쏙 들었던지, 어떤 큰 회사의 유명한 사장이 나에게 칭찬의 메시지를 보내 주었다. 그 인연으로 나중에 그 책의 완역판을 복간했을 때 책 띠에 넣을 추천사도 받았다(이 때 그는 회장이 되어 있었다).

정말 일이란 그런 것이라고 생각한다. 어떤 마음으로 임하느냐에 따라 완전히 달라진다. **같은 일을 해도 괴롭게 받아들이는 사람에게는 괴롭고 행복하게 받아들이는 사람에게는 행복하다.**

또 하나 짚고 넘어가면 업무 개혁이라는 말에는 '회사는 노동자를 착취하는 곳'이라는 생각이 깔려 있다. 이런 생각이 강하면 '지금까지 회사가 좋아서 일했다'고 말하는 사람까지 이상한 눈으로 보게 된다. 정말로 노동자를 착취하는 회사도 있다. 법적 규제는 그런 악덕 기업에서 노동자들을 구하기 위해 존재한다.

그러나 멀쩡한 회사까지 색안경을 쓰고 보는 것은 안타까운 일이다. 사람이 일을 통해 행복해지는 게 사실이라면, 그 행복을 실현할 곳이 직장일 테고 현실적으로 대부분의 직장이 회사이기 때문이다(물론 혼자 일하는 자영업자나 전문직도 있지만).

나는 이렇게 생각한다. 회사란 평범한 사람을 비범하게 만드는 고마운 시스템이다. 서로 협력하거나 경쟁하며 공동의 미션을 지향할 때 사람은 최대한으로 성장할 수 있다.

예전처럼 회사에 목숨 바쳐 충성하라는 말이 아니다. 회사에게서, 같은 미션을 지향하는 사람들이 한데 모여 서로를 발전시키는 곳이 될 가능성까지 빼앗지 말라는 것이다.

욕심을 부려라.
하지만 욕심이 지나쳐서는 안 된다 ———

'뭐든 나 혼자 완벽하게 해결하겠다'는 뻔뻔한 생각부터 버려라

어떤 인터뷰에서 앞 장의 논조로 '젊은이를 불행하게 만드는 말 중 하나가 워크 라이프 밸런스'라는 이야기를 했더니 일하는 젊은 엄마들에게 인기 있는 사이트의 한 기자가 깊이 공감한다며 고개를 크게 끄덕였다. 그래서 '워크 라이프 밸런스라는 말이 나온 지가 벌써 10년이 흘렀는데도 상황이 여전하구나'라는 생가에 남다른 감회가 느껴졌다.

지금은 '워크 라이프 밸런스가 필요하다'는 말이 '일도 생활도 전부 열심히 해야 한다'는 뜻으로 쓰이는 듯하다. 특히 여성들이 SNS에서 행복한 삶을 가장하려 드는 것이 그런 풍조를 증명한다.

일만 잘해서는 안 되고 공부를 하는 등 자랑할 만한 취미가 있어야 하며 패션에도 연애에도 최선을 다해야 한다는 것이다. '맙소사' 소리가 절로 나온다.

여성들은 그렇게 열심히 사는 데 이제 지쳐 버린 듯하다. 그러고 보니 젊은 사상가 야마구치 요헤이(山口陽平) 씨한테서도 비슷한 말을 들었다. 요즘 여성은 다섯 가지를 갖춰야 한다. 일과 돈과 결혼과 자녀와 아름다움이다. 그들은 그것을 다 채우느라 몹시 지쳐 있다.

십 몇 년 전, 우리 회사가 만든 '밀리오네제 시리즈'가 화제가 된 적이 있었다. 밀리오네제란 '일과 연애와 결혼생활을 멋지게 즐기며 한 해에 1,000만 엔 이상을 버는, 경제적으로나 정신적으로나 자립한 여성'을 의미하는데, 가쓰마 가즈요(勝間和代) 씨가 그 시리즈에 부합하는 인물로 발굴된 인물 중 하나였다. 단 1,000만 엔은 일종의 상징적 숫자로, 실제로는 여성 혼자 아이를 키울 수 있는 연봉을 의미한다.

당시는 직장의 여자 선배들이 일만 열심히 했기 때문에 후배들의 동경의 대상이 되지 못했다. 그래서는 여성의 경제적, 정신적 자립이 진전되지 않는다는 생각에 소위 롤 모델이 많이 등장하기를 바라며 만든 시리즈였다.

그 후 십 몇 년 만에 그런 여성 롤 모델이 많아졌다. 절대적 인원수는 아직 적을지 몰라도 이제 롤 모델이 될 저자를 찾느라 그때처럼 고생하지 않아도 된다. 그러나 한편으로는 그 롤 모델조차 젊은 여성들에게 압박감을 주고 있는 듯하다.

그들은 "우리는 일뿐만 아니라 연애와 패션을 즐기죠. 결혼한 후에도 남편에게 의존하지 않고 자립적으로 살 수 있어서 행복해요."라며 여성들에게 용기를 주고 싶었겠지만, 결과적으로는 "일과 연애와 패션을 다 충족시키지 못하면 너희는 완전하지 않아."라는 메시지를 전달하게 되었다.

'워크 라이프 밸런스'라는 말은 금세기에 등장한 이래 저출산 대책, 남녀 공동 참여 사회를 주장하는 사람들의 입에 자주 오르내렸다. 그 주장의 내용은, 예전에는 남성이 거의 모든 시간을 일에만 할애하면서 '집안일(육아 포함)은 아내가 다 알아서 한다'고 말하는 것이 당연했으므로 여성은 일과 출산 중 하나를 선택해야 했고 그 결과 출산율이 떨어졌으니 뭔가 조치를 취해야 한다는 것이다. 무역 마찰이 일어나는 상황에서 구미 제국이 일본인의 과로를 비판하기도 했지만 실제로 장시간 노동으로 과로사와 가정 붕괴 등의 비극이 일어났던 것도 사실이다.

원래는 일하는 여성과 육아 중인 여성, 그들의 배우자까지 행복하게 만들기 위한 개념이었던 〈워크 라이프 밸런스〉가 도리어 여성들에게 스트레스를 준다는 것이 너무나 역설적이다. 이 말은 어쩌면 일에 얽매여 가정을 돌보지 않는 구시대적 남성들을 위해 만들어진 것일지도 모르겠다. 어쨌든 이번 장은 어차피 여성을 위한 장이 되어 버렸다. 그래서 내친 김에 여성들에게 말하고 싶다.

여자들이여, 좀 더 욕심을 내자. 어차피 일을 한다면 출세도 하고 결혼도 하자. 어차피 결혼한다면 자상한 미남과 결혼하고 아이도 갖고 죽을 때까지 멋지게 살자. 무엇이든 원해도 된다. 스스로 자신의 가능성을 제한하지 말자. 다만 욕심이 지나쳐서는 안 된다. 무엇이든 원해도 되지만 무엇이든 자기 손으로 완벽하게 해결하겠다는 욕심을 부리면 안 된다. 그건 절대 불가능하기 때문이다.

모든 것을 완벽하게 해결하겠다니, 조금 뻔뻔하지 않은가? 자신을 과소평가하지 말아야 하듯 자신을 과대평가하지도 말자. '무엇이든 완벽하게 하고 싶다'는 사람일수록 생각만 하다가 지쳐서 결국 남보다 못한 결과를 낳을 때가 많다. 그래서 '결과는 안 좋지만, 열심히 사는 내 자신에게 나라도 상을 주자'고 호소하는 광고에 홀딱 넘어가는 것이다. 그러지 말고 이렇게 해 보면 어떨까?

도시락?··· 생략하지 뭐.

청소?··· 남한테 부탁하자.

남편?··· 자기 일은 스스로 하게 만들어야지.

친척과 주변의 시선?… 무시하면 돼.

일?… 아무래도 안 되겠으면 상사한테 말해야겠다.

적당주의와 외주 정책을 적극 채택하고 팔방미인을 지양하자. 결국 인생은 짐을 얼마든지 실을 수 있지만 운반 가능한 중량이 정해져 있는 기구 같다. 그래서 손에 든 것을 내려놓을 필요가 있다. 무엇보다, '뭐든 나 혼자 해결할 수 있다'는 뻔뻔한 생각부터 버리기 바란다.

다행히도 인생이라는 기구를 점점 큰 것으로 교체할 수 있다. 기술의 진보로 다양한 짐이 점점 가벼워지고 있다는 것도 무척 기쁜 소식이다.

사차원으로 생각하라

10년 주기로 생각하면 전부 가질 수 있다

지금 모든 것을 완벽하게 가지려 하지 말라고 앞서 말했다. 하지만 상당한 확률로 모든 것을 갖는 방법이 있긴 하다. 그것은 물론, 특별한 재능이 없어도 누구나 쓸 수 있는 방법이다.

시간 축을 늘리면 된다. 지금 당장 출세, 돈, 매력, 결혼, 육아, 패션, 자기 시간까지 다 가지려 하면 무리가 따를 것이다. 그건 극히 일부에게만 가능한 일임을 깨닫고 주눅만 들기 십상이다.

젊을 때는 아무래도 시야가 낮아서 그런지 짧은 시간 축으로 세상을 보게 된다. 그래서 지금 보는 것이 전부라고 생각하기 쉽다(나도 그랬다). 하지만 현재의 급여를 전부 육아 도우미나 가사 도우미에게 쏟아 붓더라도 일을 열심히 하다 보면 10년 후에 그 비용을 회수할 수 있다. 또 반대로, 지금 가정을 우선하느라 원거리 발령을 거

158

부해서 승진이 늦어져도 5년만 지나면 다시 일에 매진할 수 있게 된다. 10년 후까지 생각하면 결국은 원하는 것을 전부 가질 수 있다. 너무 애쓰지 않아도 과학 기술이 진보한 덕분에 집안일의 상당 부분을 기계가 해결하게 될지 모른다. 세상의 가치관과 사회 통념도 당신에게 유리하게 바뀌 있을지 모른다.

이것은 지금 눈에 보이는 것을 바탕으로 커리어 플랜을 세우는 것과는 달리, 생각하지 못했던 기회를 붙잡을 수 있는 방법이다(기회는 언제나 생각하지 못했을 때, 생각하지 못한 형태로 찾아오니까).

누구에게나 직업상의 큰 기회, 유학을 떠날 수 있는 행운, 출산하기 좋은 때 등 놓치지 말아야 할 순간이 찾아온다. 그럴 때 무언가를 포기해야 한다는 생각 때문에 도전하지 못하는 사람이 많다. 그렇다면 최소 10년 단위로 생각해 보자. 그러면 알게 된다. 당신은 무언가 버리려는 것이 아니라 미루려는 것이다. 그러니 마음을 단단히 먹고 다른 무언가를 뒤로 미루자. 돈으로 해결할 수 있는 것은 돈으로 해결하자. 이럴 때 쓰는 돈은 장래를 위한 투자다.

기회는 언제나 생각하지 못한 때에 생각하지 못한 형태로 찾아오지만 준비된 사람에게만 찾아오는 법이다. 당신에게 기회가 찾아왔다는 것은 준비가 다 되었다는 뜻이다. 인생은 의외로 길다. 그러니 무언가를 잃을까 두려워 소중한 기회를 놓치지 말자. 젊을 때 생각했던 것보다 짧은 듯하면서도 의외로 긴 것이 인생이다.

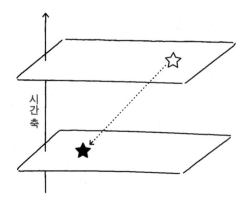

시간축

삼차원으로 생각하라

보이는 것으로만 판단하지 말라. 자신과 회사의 가능성을

지금 보이는 것만으로 판단하지 말아야 할 것은 자신의 가능성만이 아니다. 회사의 가능성도 그렇다. 신입 때 만난 상사와 잘 맞지 않는다고 해서 회사를 그만두는 것은 성급한 행동이다. 상사는 언젠가 그 자리를 떠날 것이다. 다른 곳으로 발령이 나거나 좌천될지도 모르고 스스로 회사를 그만둘지도 모른다.

회사를 한 번 둘러보고 '5년 후에도 나는 이런 일을 하고 있겠구나.'하며 회사를 그만두는 것도 어리석은 행동이다. 변화의 시대다. 5년 후는 고사하고 1년 후도 보이지 않는다. 오히려 '5년 후에는 저 자리로 가야지', 혹은 '그 부서에서 일해야겠다'라고 계획하는 것이 더 위험하다.

젊을수록 시야가 좁고 짧기 마련이다. 인생 경험이 적으니 어

쩔 수 없겠지만 말이다. 젊을수록 넓은 '면'은커녕 현재의 한 '점'으로 판단을 내리기 쉽다. 점이란, 사차원은 고사하고 이차원도 못 되는 일차원이다. 최소한 삼차원은 되어야 한다.

삼차원으로, 즉 조금 더 멀리 상상해 본다는 느낌으로 세상을 보기 바란다. 더구나 일은 누군가에게 받아서 하거나 시켜서 하는 것이 아니라 내가 만들어 내는 것이다. 지금의 일이 만족스럽지 않다면 스스로 만들어 보자.

회사에 따라 그 방법은 다양하겠지만 어떤 방법을 쓰더라도 지금의 일을 좋아할 가능성이 없다면 지금 있는 상사만 보고 판단하지 말고 약간 높은 시선에서 판단해 보자. 과장의 시선에서, 부장의 시선에서, 사장의 시선에서 자신의 일을 바라보자.

그래도 회사에 비전이 없다고 판단될 때 사표를 내도 늦지 않는다.

미움 받으면 안 된다

Work. What should I do?

'아무에게도 미움 받지 않는다'는 것은

'아무에게도 특별히 사랑받지 못한다'는 뜻이다

어릴 때 어머니에게 꾸중을 듣고 '엄마 미워!'라고 소리치면 어머니는 이렇게 대답하셨다. '미움 받아 다행이네. 사랑받으면 힘들어.'

어머니는 이상한 소리를 하는 지인한테도 그렇게 말했던 것 같다(아무래도 얼굴을 맞대고 말하지는 못했지만). 어머니에게서 그 말을 자주 들어서 그랬는지, 나는 성격 테스트를 하다가 '아무에게도 미움 받지 않으려고 노력하는가?'라는 질문이 나오면 '어머, 그런 사람도 있어?'라며 놀랐다.

하지만 그 질문에 '전혀 그렇지 않다'고 대답한다면 거짓말일 것이다. 나도 자연스럽게 분위기를 맞추거나 주변 사람을 신경 쓰는 편이다. 상당히 세심한 편이라고 자부한다. 하지만 남편이나 가까운 사람들은 내게 종종 "그런 말을 계속 하고 다니다가는 조만간 힘든 일을 당할 거야."라고 경고할 때가 많다.

우리 회사는 출판사로서는 드물게 영업에 주력한다. 업계의 도매상, 즉 중개상을 통하지 않고 서점과 직거래를 하기 때문이다.

우리가 달마다 영업에 나서지 않으면 서점에 책이 진열되지 않는다. 현재 전국 1만 몇 천 곳 중 상위 약 5,000개 서점과 거래하고 있는데, 이것은 기본적으로 우리가 모든 서점을 찾아다니며 거래를 부탁한 결과다.

그 고생담은 마지막에 소개할 테니 잠깐 미뤄두고 여기서는 회사의 절반을 차지하는 영업사원들 중 오랫동안 실적 상위를 유지했던 사원들의 공통점이 무엇이었는지 이야기하고 싶다.

영업을 잘하려면 주변 분위기를 파악하는 능력, 상대의 뜻을 간파하고 상대의 기분을 맞춰 주는 능력이 있어야 한다고 생각하는 사람이 많을지도 모르겠다. 그러나 내가 살펴본 결과, 답은 정반대다. 지속적으로 실적 상위를 차지한 영업사원들은 어떤 의미에서 분위기를 잘 맞추지 못하는 경향이 있다. 이렇게 말하면 그들이 서운해 할지도 모르겠지만 사실이다.

그렇다고 분위기를 전혀 못 읽는 것은 아니다. '어떤 의미에서'라고 말했다시피, 그들은 '상대가 나를 어떻게 볼까?' 하는 측면에 다소 둔감하다. 눈치를 별로 보지 않는 것이다. 그 대신 그들은 점포의 상황을 잘 파악한다. 그런 다음 자사의 책 중 추천할 상품을 재빨리 골라 소개한다. 그들은 실제 매출을 올릴 만한 책을 실제 매출이 나올 만한 곳에 배치하고 실제 매출이 오를 듯한 방법으로 전개하는 일, 거기에 의식을 집중한다. 그들은 상대가 조금 곤란한 표정을 짓더라도 멈칫거리지 않는다. 그런 눈치는 별로 보지 않기 때문이다. 다시 말해 우수한 영업사원은 좋은 사람이 되기 위해 쓸데없이 애쓰지 않는다.

반면 실적이 부진한 영업사원은(일을 게을리 하는 사람은 제외하고) 지나치게 좋은 사람이 되려 한다. 그들은 사실 좋은 사람이 아니다. 그저 좋은 사람을 연기하는 사람이다. 구체적으로 말하면 미움 받기를 두려워하는 사람이다. 미움 받을 것이 두려워 강하게 주장하지 못하는 사람, 좋은 책을 추천하기보다 미움을 피하는 쪽을 선택하는 사람이다.

그래서 **좋은 사람을 연기하는 사람은** 좋은 매니저나 리더가 되기 어렵다. 그런 사람은 **상대가 자신을 원망하거나 미워할까 봐** 강하게 말하지 못한다. 회의석상에서도 **주변 사람들의 안색을 살피고 분위기를 맞추느라 자신의 의견을 내세우지 못한다. 그들에게는 목표를 달성하고 회사의 업적을 향상시키는 것보다 미움 받지 않는 것**

이 중요하기 때문이다.

예전에는 의견을 조율하는 사람의 역할이 중요했을지 모르지만 요즘은 모든 일에 혁신이 요구되므로 그런 사람이 활약할 장이 별로 없다. 사실 좋은 사람을 연기하는 것은 본인에게도 악영향을 끼친다. 현실적으로는 좋은 사람을 연기하는 사람이 반드시 사랑받는 것이 아니기 때문이다. 오히려 자신의 생각을 거침없이 말하며 다른 사람과 계속 부딪치는 사람이 사랑받을 때가 많다.

대졸 신입을 뽑다 보면 해가 갈수록 착한 아이가 많아진다는 느낌이 든다. 다들 착실하고 분위기 파악을 잘하는데다 서로 싸우지 않는다.

하지만 그중에서도 나름의 신념을 갖고 매진하는 사람, 공통의 목표와 목적을 위해 싫은 소리를 할 줄 아는 사람은 가끔 충돌을 일으키면서도 존경을 받는다. 단순히 주변을 생각하지 않고 이기적으로 행동하는 사람조차 주위 사람들의 사랑을 받을 때가 있다.

사실 사람들은 보통 자신에게 적의를 보이는 사람, 자신의 정체성을 흔드는 사람, 자신의 자존심을 해치는 사람, 자신의 기득권을 침해하는 사람, 즉 자신의 '안전'을 위협하는 사람이 아니면 특별히 신경 쓰지 않는다.

모두가 자신의 신체적, 정신적, 경제적 안전을 지키느라 정신이 없기 때문이다. 어쨌든 아무리 신경을 써도 누군가에게 미움 받을 수 있으며 주변의 모든 사람에게 사랑받지는 못한다는 사실을 알아야 한다.

또, 당신을 무척 좋아하는 사람이 있다면 당신을 무척 미워하는 사람도 그만큼 있다고 생각하는 게 좋다. 다시 말해 **'아무에게도 미움 받지 않는다'는 것은 '아무에게도 특별히 사랑받지 못한다'는 뜻이기도 하다.** 그러니 '미움 받아 다행이야, 사랑받으면 힘들어.'라고 자신에게 말하자. 좀 더 자유롭게 살아도 괜찮다.

누군가 나를 특별히 좋아한다는 것은
비슷한 수의 사람들에게서 미움을 받는다는 뜻

아주 오래 전, 지금은 절판된 『이렇게 당신은 미움 받는다(こう
してあなたは嫌われる)』라는 책을 편집하면서 약 100명에게 어떤 사람
이 싫으냐고 물어본 적이 있다.

거짓말을 잘해서, 인색해서 등등 모두들 재미있다는 듯 이것저
것 대답했지만 그들의 답에 대한 내 해석은 한 가지였다.

'나를 싫어하는 사람'이었다. 어떤 사람을 좋아하느냐는 질문을
던졌을 때도 마찬가지였다. 나를 포함한 모든 사람이 남한테 사랑
받기 위해 애쓰고 있는데 그 방법은 사실 간단하다. 사람들이 어떤
사람을 좋아하는지를 생각해 보고 그런 사람이 되면 되는 것이다.

그 사람은 과연 어떤 사람일까? 답은 '나를 좋아하는 사람'이
다. 내가 먼저 좋아하면 상대방도 나를 좋아하게 된다(단, 남녀 관계에

는 이 말이 들어맞지 않을 수 있으니 주의할 것).

사람은 남에게 인정받고 싶고 사랑받고 싶어서 성공을 지향하고 성공한 다음에는 그 증거를 공개하여 인정받고 싶어 한다. 인정이란 사랑과 상충될 때가 많으므로 대단하다고 인정받는 사람이 항상 사랑받는 것은 아니지만, 어쨌든 일부 사람들은 아무것도 아닌 자신이 많은 사람에게 사랑받는 것을 최고의 성공으로 여겨 사랑받기 위해 끊임없이 노력한다.

그 외의 평범한 사람들은 말 그대로 미움 받지 않으려고 애를 쓴다. 미움 받지 않는 것과 사랑 받는 것은 다르지만 사랑받는 방법을 모르므로 일단은 미움을 받지 않으려고 조심하는 것이다.

인간은 혼자서는 살아갈 수 없는 사회적 동물이므로 본능적으로 '미움 받으면 안 된다'고 믿기 마련이고, 그 믿음은 종종 생존을 위한 합리적인 전략으로 이어진다. 그러나 여기에 '누구에게도'를 보태 '누구에게도 미움 받으면 안 된다'고 믿는다면 그것은 단숨에 불합리한 전략, 소위 비이성적 믿음이 되고 만다.

'우리 인간의 모든 고민은 인간관계에 있으며 모든 행복의 원천도 인간관계에 있다.' 저명한 정신의학자 아들러의 말이다. 그런데 인간관계의 고민을 낳는 최대의 원인이 바로 '아무에게도 미움 받으면 안 된다'는 믿음이다. 이 잘못된 믿음이 행복한 인생을 가로

막는다.

남에게 싫은 소리를 아무렇지 않게 하는 사람도 마음은 똑같다. 자신이 하는 말이 싫은 소리임을 모를 뿐, 그들 역시 미움 받지 않으려고 노력하고 있다(혹시 내 이야긴가?). 즉 비난받기를 두려워하고 그럴 만한 사태를 되도록 피하려 하는 것은 누구나 마찬가지다.

그렇기 때문에 『미움 받을 용기』라는 책 제목이 대중의 마음을 빼앗은 것이다. 『이렇게 당신은 미움 받는다』를 출간한 데 이어 역시나 절판된 『사랑받는다는 것, 미움 받는다는 것(好きということ 嫌いということ)』을 편집하면서 나는 깨달았다. 누군가 나를 특별히 좋아한다는 것은 비슷한 수의 사람들에게서 미움을 받는다는 뜻이었다. 사람은 왜 그런지, 자신이 아는 사람이 누군가 다른 사람을 특별히 좋아하기만 해도 자신에 대한 마음이 줄어드는 듯해 서운한 감정을 느낀다. 원래 그 사람을 특별히 좋아하지 않았다 해도 마찬가지다.

마지막으로 다시 말하고 이번 장을 맺으려 한다. **'아무에게도 미움 받지 않는 삶'이란 '아무에게도 특별히 사랑받지 못하는 삶'이다. '많은 사람에게 사랑받는 삶'이란 '많은 사람에게 미움 받는 삶'이다.**

당신은 둘 중 어떤 삶을 선택하겠는가? 둘 다 괜찮지만 나중에 큰 일을 하고 싶은 사람이라면 당연히 후자를 선택할 것이라고 생각한다.

리더십

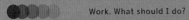

Work. What should I do?

모두 리더가 될 필요는 없다

뛰어난 팔로워가 뛰어난 리더를 만든다

학교와 회사에서는 '리더십을 기르라'고 입을 모아 말한다. 서점에도 리더십에 대한 책이 넘쳐나므로(우리 회사 책들도 예외는 아니다) 세상 모든 사람이 리더를 지향해야 할 것만 같다. 그들은 리더는 윗사람, 따르는 사람은 아랫사람이라도 되는 것처럼, 리더가 된 후에도 더 높은 지위의 리더를 지향하라고 등을 떠민다.

그런데 내 아들이 초등학교 4학년 때 이런 일이 있었다. 보호자 상담을 갔는데 담임이 'OO는 공부는 잘하지만 리더십이 없다'는 식으로 말하는 것이 아닌가. 마치 아이가 자기중심적이라는 듯한 말투여서 즉각 반론했다.

"앞에 적극적으로 나서는 성격은 아니지만 자기중심적이지는 않아요. 오히려 남을 잘 돕는 편이 아닌가요?"라고 말이다.

내가 초등학교 고학년 때 생활기록부에도 '약간 소극적'이라고 쓰여 있었다. 교사 평가란 것이 얼마나 부정확한지 보여 주는 사례다. 하지만 그보다 더 이해가 안 되는 게 있다. 어째서 학교 교사들은 모든 아이를 '적극적이고 리더십이 강한 아이'라는 이상에 끼워 맞추려 할까?

과연 세상 모든 사람이 리더가 되면 누가 그 리더를 도와줄까? 누가 그 리더를 따를까? 리더는 따르는 사람이 있어야 비로소 리더가 될 수 있다. 리더가 되려면 따르는 사람들, 즉 팔로워가 있어야 한다. 팔로워십이 강한 사람도 반드시 필요하다는 뜻이다.

사실 나도 아들의 중학교 1학년이 되어서 만난 담임 덕분에 이 사실을 깨달았다. 아들이 들어간 학교는 초등학교 때 계속 반 1등을 하던 우등생들이 한데 모여 1등 쟁탈전을 벌이는 남자 중학교였다. 그런 상황에서, 아들의 담임은 '○○ 같은 사람이 세상에 얼마나 중요한지 모른다'고 아들을 칭찬해 주었다. 그리고 '리더십이 있는 것과 리더가 되고 싶어하는 것은 전혀 다르다'고 말해 주었다.

자신이 만약 어렸을 때부터 학급 회장 자리를 놓치지 않았거나 학생회 회장 선거에 나갔거나 학예회 때 주역을 맡았던 타입이라면 부디 리더를 지향하기 바란다. 그래서 세상을 되도록 더 나은 곳으로 바꿔 주기 바란다. 또, 학급 임원이 되고 싶었지만 '네가 왜?'라는 말을 들을까봐 나서지 못했던 사람, 사람들이 보는 눈이 없어서 리더 역할을 하지 못했다고 생각하는 사람도 부디 리더를 지향하기 바란다.

그러나 남을 이끌기보다 신뢰할 만한 사람을 따르기를 좋아하고 남의 꿈에 동참하는 것이 자신에게 맞는다고 생각한다면 굳이 리더를 지향할 필요가 없다. 리더가 못 되는 자신을 부끄러워할 필요는 없다. 리더가 된 동료나 후배를 부러워할 필요도 없다. 사실 리더보다 팔로워가 훨씬 많은데도 세상은 리더를 지향하는 사람들로 넘쳐난다.

그러나 팔로워란, 의견도 주체성도 책임감도 없이 리더를 따르기만 하는 사람이 아니라 자신이 주체적으로 책임을 지며 리더를 따르는 사람이다. 그런 의미에서 팔로워와 리더는 각자 다른 역할을 맡은 사람들일 뿐이므로 둘 다 동일한 리더십이 필요하다.

그리고 살아 있는 사람이라면 누구나 리더십을 갖추고 있다. 그래서 수많은 자기 계발서가 '당신은 당신 인생의 리더'라는 말로 아름답게 마무리되는 것인데 간혹 그 말을 이렇게 적용하는 사람이 있다. '나는 내 인생의 리더니까 다른 사람을 이끌지도 않고 누군가를 따르지도 않겠다.' 소위 외톨이로 살겠다는 것이다. 과연 이것은 바람직한 생각일까?

만약 혼자 행동하는 것을 정말 좋아하거나 그것이 가장 자신답고 이상적인 모습이라고 생각한다면 그것도 나쁘지 않다(실제로는 일을 하는 이상 누군가를 따르거나 이끌 수밖에 없지만 말이다. 프리랜서라도 고객이나 거래처 등이 없이는 일할 수 없다).

그러나 속으로는 리더가 되고 싶으면서 그러지 못해서 세상에 등을 돌린 사람이 있다면 꼭 이렇게 말해 주고 싶다. '그런 반항은 되도록 빨리 끝내는 게 좋을 것이다.'라고.

항상 긍정적일 필요는 없다

'언제나 적극적이고 긍정적으로 산다'는 말은 위선이다

리더십처럼 교사들이 자주 강조하는 것이 긍정적 사고다.

자기 계발서들은 '무엇이든 긍정적으로 받아들이면 성공한다!' 고 일제히 외치지만(우리 회사도 그런 책을 펴내고 있을지 모른다), 어쩌면 그 말이 오히려 불행을 불러들이는 듯하다.

'언제나 건강하고 적극적이고 긍정적으로 살고 있다'라니, 어딘가 거짓말 같지 않은가? '취업 세미나를 들으며 특훈을 완료했습니다!'라는 뻔한 말을 늘어놓는 취업 지망생처럼, 어딘가 수상쩍은 냄새를 풍기는 말이다.

본래 인간은 약하고 걱정이 많으며 질투하기 쉬운데다 언제나 상황을 나쁘게 받아들여 불안해하는 존재이기 때문이다. 생존을 위해서는 일단 최악의 사태를 상정하고 그것에 대비하는 것이 유리하니 어쩔 수 없다.

그래도 약한 모습을 보이면 생존에 불리하므로 괜찮은 척할 때가 많지만 가끔은 그럴 수 없을 만큼 약해지는 것도 자연스러운 일이다.

또 비관적인 말, 반대되는 말을 해야 머리가 좋아 보여 생존에 유리했던 세대(우리 세대)와는 달리 요즘 세대는 낙관적이고 동조적인 말을 해야 생존하기 쉬운 듯하다. 하지만 가끔 '이대로는 위험하다!'며 비관적인 말을 내뱉고 싶어지는 순간이 있기 마련이다. 그렇게 가끔은 약한 모습을 보이고 비관적인 생각을 표현해도 괜찮다.

촌스럽고 어리석고 초라한 사람이 되어도 아무 문제없다. 잠깐 사회의식 없는 사람이 된다고 대체 무슨 일이 일어나겠는가! 언제나 긍정적인 사람들을 보며 지쳐가는 사람이 너무 많다.

자신의 표정이
주변에 미치는 영향을 자각할 것 ━━━
자신의 얼굴에 책임을 져라

앞 장의 내용과 모순되는 듯하지만 나는 아침부터 어두운 표정으로 출근해서 얼굴을 찌푸리고 있는 젊은 리더를 볼 때마다 주의를 준다.

"자신의 눈빛, 표정에 책임을 지세요. 자신의 표정이 주변에 끼치는 영향을 자각해야 합니다."

리더는 집에 우울한 일이 있거나 분기 실적이 변변치 못해 출근길에 힘이 빠진다 해도 **사무실 문을 여는 순간 등을 곧게 펴고 밝은 표정을 지으며 활기찬 목소리로 인사를 해야 한다. 리더란 모두에게 용기를 주는 존재이기 때문이다.** 부서나 회사 전체가 어려울 때는 더욱 그렇다.

만약 자신의 표정과 비언어적 메시지가 주위에 얼마나 큰 영향을 미치는지 이미 알고 있는 사람이라면 약한 마음을 드러내거나 불안을 표현하더라도 큰 문제를 일으키지 않을 것이다. 하지만 그런 사실을 전혀 모르는 사람이 너무 많다.

오히려 그 사실을 무의식적으로 알기 때문에 일부러 험악한 표정을 짓고 어두운 분위기를 연출하고 불쾌한 기분을 표현해서 동정심을 유도하거나 자신의 존재감을 과시하려는 사람이 많다.

그런 식으로 목적은 달성할지 모르지만 존경받는 사람, 의지가 되는 사람은 결코 될 수 없다. 이유야 어쨌든 본인의 사정 때문에 불쾌한 표정을 지으면 주변까지 불쾌해진다. 당신은 스스로 생각하는 것보다 훨씬 큰 영향력을 미치고 있다. 리더는 물론이고, 설사 신입사원이라 해도 자신의 표정에 책임을 져야 한다. 자신의 영향력을 자각하자.

자기 책임

Work. What should I do?

보통은 내 탓과 남 탓이 절반씩

'자기 책임'이라는 말은 부메랑처럼 돌아온다

자기책임이라는 말은 언제부터 본격적으로 쓰였을까?

2000년대 초반, '아랍의 과격파에 납치된 국민을 국가가 구하 느냐 마느냐하는 논쟁이 일어났을 때였던가? 아니면 '여태 열심히 일하는 사람들이 나태하고 무계획적으로 살았던 사람들을 왜 부양 해야 하느냐며 기초생활보장 제도를 둘러싼 찬반양론이 일어났을 때였던가?

어쨌든 세계적으로 격차가 확대되었을 때부터 그 말이 자주 쓰 인 것은 확실하다. 이 자기책임은 바람직하지 않은 일이 생길 때마 다 사회 탓, 주변 탓, 회사 탓, 상사 탓, 부하 탓, 교사 탓, 부모 탓을 하고 마는 자신을 다스릴 때 요긴한 말이다.

전부 자신이 선택했으니 그 결과도 자신이 책임지겠다는 것은 주체적이고 독립적인 자세다. 그러나 이 말을 타인에게 쓸 때 살벌한 공기를 느끼는 사람이 나뿐일까?

격차 확대를 용인하고 약자를 외면하는 정치가들을 옹호하는 말처럼 들려서인지도 모르겠다. 이건 사실 그런 정책을 사회적으로 묵인하도록 만들었던 왔던 말이 아닌가? 그래서 엘리트들이 약자에게 주로 썼지만 지금은 그것이 자신들에게 부메랑처럼 돌아오고 있는 듯하다.

누구라도 한 번 실패하면 자기책임이라며 좌절 속에 내버려두게 된 것이다. 도쿄 대학 학생 등 명문대 학생일수록 그런 경향이 강하다고 한다(그 대학에 들어가기 전까지는 좌절을 몰랐을 테니).

그 정도는 아니라도 어지간한 우등생 이상의 모든 사람이 자기책임이라는 말에 얽매여 사는 듯 보인다. 실패했을 때 인생이 잘 풀리지 않을 때는 다른 사람에게 도움을 요청해도 되는데 자기책임이라며 자신을 질책하기 바쁜 것이다. 그렇게 해서 좋은 결과를 내면 괜찮지만 그러지 못하고 좌절한 채 사는 사람도 많다.

자기책임이라는 말의 중압감에 금세 무릎을 꿇어 버린 것이다. 이들은 자신에게 엄격(?)한 만큼 남에게는 더 엄격하다. 그래야만 치명적인 실패를 저지르지 않기 위해 가까스로 버티는 자신이 손해를 보지 않을 듯하다. 그래서 남의 실패를 지나치게 질책하고 자업자

득이라며 내친다.

그러나 그러다 보면 작은 도전조차 무서워지지 않을까? 대졸 채용에 지원하는 학생들이 해가 갈수록 '착해지는' 느낌이 드는 것도 그 탓인가 싶다. 출판계는 원래부터 불안정한 업종인데도 말이다.

그런 의미에서는 '확실히 하라'는 말 역시 일하는 사람을 불행하게 만드는 듯하다. 확실히 했다면 실패해도 너그럽게 봐 줄 수 있지만 확실히 안 해서 실패하면 자기책임으로 질책하겠다는 뜻이기 때문이다.

또 한 가지, 자신이나 남의 실패에 대해 자기책임을 강조하는 이면에는 모든 성공이 '내 덕'이라는 자부심이 숨어 있는 것 같다. 하지만 현실적으로 보아, 대개의 일에는 '내 탓'과 '남 탓'이 절반씩 작용한다.

'남'에는 '운'도 포함된다. 그리고 '일'에는 나쁜 일뿐만 아니라 좋은 일도 포함된다. 그런 생각으로 자신에게든 타인에게든 조금은 너그러워졌으면 좋겠다.

창조력보다 상상력

사랑이란 상대의 자기중심성을 상상하는 것

자기책임을 과도하게 요구하는 모습이 어쩐지 살벌해 보인다고 말했는데 이것은 한편으로 사회 전체가 상상력을 잃었다는 증거가 아닐까 싶다. 기로에 선 우리 경제의 발전을 위해 창조력있는 인재들이 혁신을 일으켜야 한다는 말이 종종 들리지만 상상력이 필요하다고 이야기하는 사람은 별로 없다.

창조력은 무에서 유를 창조하는 능력, 즉 생산성으로 쉽게 바꿔 말할 수 있다. 그러나 상상력이란 그저 기존의 무언가를 모방하는 하찮은 능력처럼 생각되는 듯하다(나는 전에 그렇게 생각했다). 창조력'은 없어도 상상력은 있다고 자신 있게 말하는 사람이 많아서일지도 모르겠다(전에는 나도 그랬다).

하지만 실제로 다양한 업무에서 실패를 거듭하다 보니 이런 사실을 깨달았다. 적어도 실무에서는 창조력보다 상상력이 훨씬 중요하다.

기일이 지났는데 원고가 도착하지 않거나 디자인이 내 의도대로 나오지 않거나 서점 직원과의 관계가 삐걱거리는 등의 문제가 대개 상상력 부족 탓이기 때문이다. 그런 일이 생길 때마다 '왜 이런 사태를 처음부터 예상하지 못했을까?', '미리 얘기해 줬으면 좋았을 텐데.'라는 생각이 든다. 상상력을 조금만 활용했다면 이런저런 문제를 예방할 수 있었을 것이다.

반대로 일을 잘하는 사람, 그야말로 생산성 높은 사람은 언제나 만일의 경우나 최악의 경우에 대비하여 두 번째 화살, 세 번째 화살을 준비해 두므로 문제를 잘 일으키지 않는다. 설사 일이 꼬인다 해도 당황하지 않고 금세 조치를 취할 수 있다. 즉 상상력을 적확히 활용하는 것이다. 대개의 시간 낭비는 잃어버린 물건을 찾거나 실수(문제)를 해결할 때 발생한다.

중요한 프레젠테이션을 앞두고 점심을 먹다가 흰 재킷에 토마토소스를 흘렸다고 하자. 허둥대며 물로 씻은 다음 얼룩 제거제를 사러 편의점으로 달려간다. 그렇잖아도 시간이 빠듯한데 그럴 때마다 택시가 잡히지 않고 전철이 연착한다. '으악, 지각이다!'(묘사가 지나치게 생생한 것은 내가 직접 경험한 일이기 때문이다. 그렇다. 흰 재킷을 입고

왔는데 토마토소스 파스타를 먹은 것부터가 잘못이었다. 흰 재킷을 입지 말았어야 했는지도 모르고).

너무 단순한 예시인가? 그래도 이 정도의 상상력이 쌓이면 업무 능력에 상당한 차이가 벌어진다.

사실 이건 일에 관한 이야기만은 아니다. 가정이나 연애나 친구관계에서도 마찬가지다. 특히 상상력은 인간관계에 절대적인 영향을 미친다. 여기서 말하는 상상력이란 상대의 상황, 상대의 기분을 상상하는 능력을 말한다. 소위 상대의 처지에 서서 생각하는 능력이라 할 수 있다.

우리는 자의식을 통해 세상을 보고 해석하는데(그래서 '자신'이 죽으면 자신의 세상도 사라진다) 타인 역시 자신의 자의식을 통해 세상을 보고 있으므로 그의 세상은 내가 보는 세상과 다를 수 있다. 그의 다른 세상을 상상할 수 있는가? 이것을 다른 말로 표현하자면 다양한 관점을 갖추고 다양한 가치관이 있음을 받아들이는 능력이다.

성희롱 피해자가 고통을 호소하며 사표를 냈는데도 가해자가 무엇을 잘못했는지 전혀 모르는 중장년층 남성이 그 예인데, 그런 사람이 의외로 많다. 특정한 시대와 특정한 환경을 경험하고 특정한 속성을 지닌 자신들의 관점에만 얽매여 있어 여성들이 무슨 생각을 하고 타인이 자신(들)을 어떻게 평가하는지를 상상하는 능력이

196

전혀 없기 때문이다.

그게 아니라면 성차별 문제로 비난 공세를 받을 때마다 '악의는 없었다'고 항변하는 장면이 질리지도 않고 계속 등장할 리가 없지 않은가!

이런 자기중심적 사고는 피아제의 발달심리학에서 2세부터 5세의 유아에게서 관찰된다고 했던 자기중심성(숨바꼭질할 때 구멍에 얼굴만 집어넣고 나서 다 숨었다고 생각하는)과 무척 비슷하다.

"내가 왜 당신과 데이트를 해야 되죠?"

"내가 당신을 좋아하니까."

"제가 왜 그 일을 떠맡아야 해요?"

"내가 그러기를 바라니까."

"그런 말을 하다니 어이가 없네."

"그런 뜻이 아닌데."

등등의 대화에서도 비슷한 태도가 엿보인다.

이것은 사랑이 없어서 일어나는 일이다. 즉 매너나 논리적 사고력이 아니라 사랑에 관한 문제다. 그것이 없다면 '이럴 때는 이렇게 한다', '이걸 할 때는 이 점에 주의한다', '이런 사람에게는 이렇게 말한다'라는 매뉴얼을 끝도 없이 만들어야 한다. 다시 말하겠다.

사랑은 상대의 자기중심성을 상상하는 것, 그러므로 상상력이야말로 사랑이다. 그러면 우리 사회에 상상력이 없다는 것은 사랑이 없다는 뜻이다. 이것이 그저 내 개인적이고 치우친 견해이기를 간절히 바랄 뿐이다.

자녀와 재능은 사회가 나에게 맡긴 것

우리는 사회에 환원할 의무가 있다

지금까지 미션이니, 사회적 과제니, 하는 이야기를 거창하게 늘어놓았지만 사실 내가 미션을 깊이 의식하기 시작한 것은 부끄럽게도 40대가 다 되어서였다. 즉 아이를 갖게 된 후다.

회사가 그럭저럭 굴러가고 성장할 것 같다는 생각이 들었을 때 아이를 생각하기 시작했다. 그래도 아직은 몇 명이 분투하던 초창기였다. 입덧하는 동인을 빼면 일이 바빠 출산이 임박하기까지 매일 밤 막차를 타고 퇴근했다. 코트를 입어서 몰라봤던 건지, 누가 봐도 임신할 나이가 아니어서 그랬는지, 아니면 그냥 살찐 사람한테 실례를 할까봐 그랬는지, 어쨌든 전철에서 아무도 자리를 양보해 주지 않았다. 젊은 남자는 물론 아저씨들도 전혀!!!

지금도 생생한데, 산달에 멋진 러시아 여성 한 명이 자리를 비켜 주었던 적이 딱 한 번 있었을 뿐이다. 그런데 아이를 낳은 후로는 자리를 종종 양보 받게 되었다. 통근 시간에 아이를 안고 전철을 타지는 않았지만(당시에는 유모차를 끌고 전철을 타면 빈축을 샀던 데다가, 역에 엘리베이터나 에스컬레이터도 거의 없었다. 아기 의자를 구비한 화장실은 백화점의 유아복 층에만 있었다), 낮에 가끔 전철을 타면 대개 50대 전후의 여성들이 자리를 내 주었다.

원래 나는 아기를 안은 여성을 마주칠 만한 시간대에 전철을 타 본 적이 없어서 자리를 양보한 적이 없었고 가끔 마주쳐도 아기가 얼마나 무거운지 몰랐으므로 양보할 생각을 하지 못했다. 그렇게 같은 곳에 살면서도 다른 차원에 존재하는 것처럼 내가 전혀 인식하지 못한 사람들이 있었다는 사실에 감동했다.

종종 옆에 앉은 아주머니가 말을 걸거나 아이를 달래 주었다. 그건 정말이지 내가 몰랐던 세상이었다. 아들이 세 살쯤 되었을 때, 전철에서 좋아하는 젤리음료를 너무 많이 마셔서 토한 적이 있다. 그러자 근처에 있던 세련된 아주머니가 갖고 있던 잡지를 찢어 토사물(아이라서 양이 많지는 않았지만)을 닦아 주었다. 그리고 미안해서 어쩔 줄 모르는 나에게 "괜찮으니까 어서 아이 돌보세요."라며 손수건까지 내주었다.

'내가 모르는 사람, 모르는 아이를 이렇게까지 따뜻하게 도와

준 적이 있었던가?' 싶었다. 고마움으로 마음이 뜨거워지면서 문득 이런 생각이 들었다. 아이는 사회의 재산이구나!

나는 우연히 만난 몇몇 훌륭한 보모들과 그야말로 이인삼각으로 아들을 키웠다. 그들이 아들의 배변 훈련도, 볼거리 간병도 도맡아 주었다. 유치원에 들어간 후로는 진심으로 아이를 돌봐 주시는 선생님께도 감사하게 되었다. 내가 일하는 동안 유치원 부원장님이 나 모르게 아들을 병원에 데려간 적도 있었다.

초등학교에 입학한 다음에는 돌봄교실 대신 체조 학원, 미술 학원 등에 보냈는데 선생님들이 한결같이 늦게까지 일하는 나를 기다리며 아들을 돌봐 주셨다. 단순히 직업이기 때문에 그랬던 것도 아니고 나를 위해 그랬던 것은 더더욱 아니고 아들을 위해 그런 것도 아니었다. 아마도 아이는 다 같이 키워야 한다고 믿었기 때문인 듯하다.

일과 육아를 병행했다고 자랑스럽게 말하지만 그렇게 많은 사람이 피붙이처럼 아들을 돌봐 주었기 때문에 지금의 나와 아들이 있다. 아이는 하늘이 준다는 말도 있지만 요즘은 이런 생각을 한다.

'사회가 나에게 아이를 맡겼다.'

그래서 아이는 사회에 공헌할 수 있는 사람으로 귀하게 키워야 한다. 모든 부모에게 그럴 책임이 있다고 생각한다. 부모에게는 아이에 대한 소유권은 없고 책임만 있는 것이다.

동시에 이런 생각도 든다. 우리의 재능 역시 개인의 소유물이 아니라 잠시 맡은 것일 뿐이다. 종종 유전이냐 환경이냐 하는 논쟁이 벌어지는데 그 결론은 나중에 생각하기로 하고 어쨌든 우수한 유전과 환경을 받은 사람이 있고 그러지 못한 사람이 있다. 둘 다 본인의 잘잘못이 아니라 우연의 결과다.

우연히 뛰어난 기억력을 갖고 태어났고 우연히 대단한 운동신경을 갖고 태어났으며 우연히 미인으로 태어나고 우연히 부잣집에 태어난 것에 불과하다. 본인이 노력해서 그렇게 된 것이 결코 아니다.

그런데 이런 말을 하면 '그래도 남들보다 더 노력했기에 성공했다'고 반박하는 사람이 꼭 있다. 하지만 그건 당연한 일이다! 커다란 재능을 우연히 갖게 된 사람의 기본적인 의무다! 노력도 재능이다. 세상에 노력하고 싶어도 못하는 사람이 얼마나 많은지 모른다.

그러고 보니 전에 우리 회사에서 처녀작 『공부 잘하는 아이 키우는 법(勉強ができる子の育て方)』을 출간했던 에토 마키(江藤真規) 씨가 신작 회의에서 이런 말을 했던 것이 생각난다.

"성적이 좋은 아이라기보다 공부를 제대로 할 수 있는 아이로 키우는 법을 담았어요."

재능을 자신의 소유물이라고 생각하는 것 자체가 교만이다. 그건 나에게 우연히 맡겨진 재능이므로 나만을 위해 쓰지 말고 사회를 위해 써야 한다.

몇 년 전 유명한 방송 〈백열교실〉에 등장한 마이클 샌델 선생이 존 롤스라는 유명한 철학자가 내 생각과 똑같은 말을 했다고 하기에 깜짝 놀랐다(하하, 이것도 상당한 교만인가?).

우리는 재능을 우연히 떠맡았다. 아직 겉으로 거의 드러나지 않았을지도 모르지만 우리는 그것을 키우고 연마할 의무가 있다.

자신만이 아닌 남을 위해 그리고 사회를 위해 그것을 활용해야 한다.

그렇게 생각하면 여러분도 힘이 솟지 않는가?

자기 성장

Work. What should I do?

자기 성장은 목적이 아닌 결과

일의 목적은 누군가에게 도움이 된다는 실감이다

　젊은이를 불행하게 만드는지는 잘 모르겠지만, 자기성장이라는 말 역시 리더십이나 긍정적 사고라는 말과 마찬가지로 듣기는 좋아도 너무 자주 들으면 반발심을 유발한다.

　어제 못했던 일을 하게 되고, 같은 일이라도 어제보다 더 빨리하게 되고, 어제 몰랐던 것을 알게 되고, 어제 몰랐던 세계를 접하게 되는 것, 즉 자신이 성장하고 있다는 실감은 공부와 일의 동력이자 즐거움이다. 그래서 일이 자기실현의 통로라는 것이다. 그리고 사원들의 성장에 힘입어 회사 역시 성장한다.

　그러나 '일이 자기성장을 위해 존재한다는 뜻인가?'라고 묻는다면 '그런 부분도 있긴 하겠지만…'이라고 갑자기 얼버무리게 된다. 적어도 사람들이 일을 하면서 매일 자기성장을 의식하지는 않기 때문이다. 다만 업무상 목표나 과제를 단기적, 장기적으로 해결하는 과정에 열중하다 보면 주변 사람이 '너 많이 컸구나.'라고 말해 줄 때가 있다. 적어도 나는 그럴 때 내가 성장했음을 인지한다.

사실 자기성장을 강조하다 보면 앞서 말했던 입력을 중시하게 되는데 이것은 에너지가 내부를 향하는 태도다. 그런데 일은 공부가 아니므로 에너지를 외부로 돌리는 것이 바람직하다. 일을 통해 자기를 실현하는 것은 사실이지만 그렇다고 회사나 다른 사원이 당신의 성장을 위해 존재하는 것은 아니기 때문이다.

나는 하루에도 몇 번씩 '아, 이 일을 하기 잘했다'라고 생각할 때가 있는데 그것은 결코 나 자신의 성장을 깨달았을 때가 아니다. 오히려 주변의 성장을 깨달았을 때다. 다시 말해 사원의 성장뿐만 아니라, 주제 넘는 말일지 모르지만 독자와 저자, 서점 관계자들의 성장을 느낄 때, 즉 감사하다는 말을 들을 때 그런 생각이 든다.

특히 '디스커버의 책에서 큰 도움을 받았다', '인생이 달라졌다', '일에 더욱 매진하게 되었다'는 독자의 목소리를 들을 때 큰 보람을 느낀다.

즉, 나는 내가 일을 통해 누군가에게 도움을 주고 있다, 사회에 부가가치를 조금이나마 돌려주고 있다고 느낄 때 이 일을 하기 잘했다고 생각한다.

예전 두 번째 잡지사에 근무할 때 회사가 왜 존재하는지 회의감이 들고 내 일 자체에 대해서도 자신감을 잃어 '무엇을 위해 이렇게 일하는 걸까?'라고 고민했던 시기가 있었다. 우연히 만난 지인이 정색을 하며 걱정할 정도로 그 당시 내 표정이 어두웠던 듯하다.

나는 패션, 수예, 미용, 인테리어를 담당했는데 내가 아무리 열심히 일을 해도 아무 도움이 되지 않고 이 잡지가 있든 없든 세상은 전혀 달라지지 않는다는 생각이 들었다. 첫 회사를 그만둔 것을 후회하기도 했다.

'내가 더 잘하는 있는 일이 있을 텐데', '애초에 심리학과를 선택하지 말고 법학을 전공해서 변호사가 되었어야 해. 지금부터라도 그렇게 해 볼까?' 이런 생각이 끊임없이 몰려왔다.

그러던 어느 날 아침, 늘 그랬듯 버스 정류장에서 버스를 기다리다가 이웃 대기업의 본사 빌딩으로 향하는 여직원 한 사람을 보았다. 지적이고 멋진 여성이었다. 하지만 내 눈길은 그녀가 입고 있던 재킷에 쏠렸다. 그녀는 며칠 전에 내가 수제 패션에 대한 기사를 쓸 때 소개했던 재킷을 입고 있었다! 대담한 자수가 돋보이는 직선적 디자인의 모직 재킷 말이다.

직접 만들어 입은 것 같았다. 모직 원단의 회색빛이 조금 더 진할 뿐, 내가 소개한 그대로 만들어진 재킷이 아침의 출근길을 산뜻

하게 빛내고 있었다. 단지 그 장면을 보았을 뿐인데 무언가에 홀린 듯 일에 대한 의욕이 되살아났다.

앞서 말했다시피 내가 일을 계속했던 가장 큰 동기는 책임감이었다. 그런데 그 전제가 누군가에게 도움이 되고 있다'는 실감이고 자부심이었던 듯하다. 그 결과로 '자네도 많이 컸군.'이라는 말을 듣는다면 그야말로 금상첨화일 것이다. 자기성장은 목적이 아니라 결과다.

과거도 바꿀 수 있다

사실은 바뀌지 않지만 해석은 바뀐다

오랜만에 TV를 켰더니 케이블 채널에서 〈토탈 리콜 2012〉이라는 영화를 방영하기에 무심코 보게 되었다(슈워제네거가 옛날에 찍은 〈토탈 리콜〉도 본 것 같은데 내용을 다 잊어버렸다).

배경은 가까운 미래의 어딘가. 거기서는 기억이 상품이다. 기억을 살 수 있는 것이다. 기억을 교체하면 과거가 바뀌고 인격도 바뀐다. 상세한 내용은 생략하고 어쨌든 자신의 진짜 기억을 되살리려 하는 주인공에게, 예전에 부하였던 악당이 이렇게 말한다.

"과거 같은 건 전부 망상이야. 스스로 만든 망상."

그리고 나서 '망상이니까 바꿀 수도 있어'라고 말했던 것 같은데 정확히 기억나지는 않는다. 그래도 그 다음 말은 확실히 기억한다.

"그러니까 과거 같은 건 의미가 없어. 중요한 건 지금, 현재야."

과거는 바꿀 수 없지만 미래는 바꿀 수 있으니 당신이 지금 달라지면 된다는 것이다. 자주 듣는 말이다. 소위 자기 계발서들의 단골 표어다. 현재가 중요하다. 현재를 바꾸면 미래가 바뀐다. 이것은 사실이다.

그러나 과거를 바꿀 수 없다는 말에는 동의하지 않는다. 우리는 가까운 미래의 이상한 기계가 없어도 과거를 바꿀 수 있다. 현재를 통해 과거를 바꾸면 된다. 과거는(그리고 현재도) 전부 해석이기 때문이다. 사실은 바뀌지 않지만 해석은 바뀐다. 그리고 우리 모두가 사실을 해석하며 살아가고 있다. 이것은 디스커버의 회장이자 내 평생 스승이신 이토 마모루 씨에게서 배운 것들 중 가장 중요한 교훈이었다.

갑자기 이런 이야기를 꺼내는 것은 앞서 말했다시피 초등학교 5~6학년 때 내 통지표에 약간 소극적이라는 말이 쓰여 있었던 것이 생각나서다. 3~4학년 때까지만 해도 적극적, 외향적이라는 말이 매번 등장했다. 지금 돌이켜보면 단순히 제2차 성징이 시작되고 성과 자아에 눈을 뜨는 사춘기였기 때문에 그렇게 보였던 듯하다. 게다가 '혼자 산에 틀어박혀 사는 게 더 알맞겠다'는, 어머니의 농담인지 평가인지 모를 말 때문에 오랫동안 스스로를 치우친 눈으로 보았던 것 같다. 그렇지 않아도 나는 나의 어린 시절을 막연한 회색빛, 즉 음악으로 말하자면 어두운 단조 같은 분위기로 기억하고 있었다. 옛날 사진이 전부 흑백이었기 때문이다.

사진 속의 나는 언제나 공원이나 역 앞에 동그마니 서 있다. 여동생이 태어나기 전이어서 그런지 장소는 달라져도 언제나 혼자다. 이상하게도 성인이 될 때까지도 사진을 찍어 준 사람(당연히 부모님)이 있음을 생각하지 못했다. 지금 살펴보면 사진 속의 나는 입이 귀에 걸릴 정도는 아니지만 분명히 미소를 짓고 있다(내가 어린애답지 않기는 했나 보다). 그것을 알게 된 뒤로는 부모님이 나를 애지중지 키웠다는 증거가 될 만한 기억만 떠오르게 되었다.

애초에 여기저기 혼자 서 있는 사진이 많다는 것은 부모님이 나를 여기저기 데려갔다는 이야기다. 당시 아버지의 월급 수준으로는 필름 값이나 현상료도 부담스러웠을 텐데, 가는 곳마다 내 사진을 찍으며 기뻐하셨을 부모님의 모습을 아이를 키우는 지금에서야 상상하게 되었다.

이야기가 논지에서 벗어나지만 정반대되는 깨달음도 있었다. 중학교 때 나는 사상 최고의 수재로 불렸으며(역사가 7년밖에 안 된 학교여서 그랬겠지만) 교무실에 가면 나를 모르는 선생님까지 주목하는 특급 우등생이었다(고 '기억'하고 있었다). 실제로 1학년부터 3학년까지 교내 시험을 15번 봤는데 내가 전교 1등을 14번 했다(한 번 2등을 했지만 그때 1등이었던 아이가 금세 도쿄로 전학을 갔다!). 당연히 졸업식에서도 총대표로 답사를 했다. 그런데 몇 전 년, 첫 비공식 중학교 동창회가 열렸다. 그 자리에 1년간 내 담임을 맡으셨던 Y 선생님도 오셨다.

몇 명의 학생이 기억나는 듯 그들과 이야기를 나누시기에 당연히 나도 기억하실 줄 알았는데 웬일인가! 나를 전혀 기억하지 못하셨다. 그렇게 우수한 학생이 있었다는 사실조차 잊고 계셔서 정말 충격을 받았다.

사상 최고의 수재로 선생님들 사이에서도 유명했다는 건 혹시 나만의 망상이거나 착각이었을까? 중학교 때가 내 인생의 절정기였는데! 혼란스러웠다. 그런데 어차피 과거든 현재든 해석이나 망상, 착각에 불과하다면 좋은 쪽으로 착각하는 편이 낫지 않을까? 남에게 폐를 끼치지 않는다면 말이다.

어두운 표정을 짓고 비관적인 말을 하는 것은 나중에 나쁜 일이 일어나도 '역시 그럴 줄 알았어'라며 태연하게 받아들이기 위해서다. 즉 상처 입지 않으려고 미리 안전장치를 해 두는 것이다. 하지만 그런 기억만 쌓인 인생이란 과연 어떤 인생일까? 나중에 나쁜 일이 생겼을 때, 그때 슬퍼하고 힘들어해도 되지 않을까?

만약 인생이 현재의 축적이라면 그 현재를 오지도 않은 '미래'

때문에 일부러 어둡게 만들 필요는 없다. 설사 과거가 전부 검정색이었다 해도 괜찮다. 생각에 사로잡혀 세상을 정반대로 보았던 오셀로처럼 당신도 검정색이었던 과거를 단숨에 흰색으로 바꿀 수 있다. 현재를 통해서 말이다.

행복은 목표가 아니다

행복이란 목표가 아니라 상태다

앞 장에서 이렇게 썼다.

나쁜 일이 생기면 그때 슬퍼하고 힘들어하면 된다. 만약 인생이 현재의 축적이라면 그 현재를 오지도 않은 미래때문에 일부러 어둡게 만들 필요는 없다.

그런데 그러다 보면 그야말로 베짱이처럼 살게 되지 않을까? 앞날을 생각하지 않고 지금을 즐기는 데 열중하다가 결국 겨울을 못 넘기고 길바닥에서 죽은 베짱이!(결말은 다양하지만 원래 우화에서는 개미가 베짱이를 냉정하게 쫓아낸다). 하긴 베짱이가 놀 때 열심히 일만 했던 개미에게, 실컷 논 대가로 얼어 죽게 생긴 베짱이를 도울 만큼의 너그러움과 여유는 없어 보인다.

"벌 받는 거잖아! 그야말로 '자기책임'이야! 일하지 않는 자, 먹지도 말라! 그러니 여러분, 정신 차리고 착실하게 내일을 위해 일합시다. 연금을 모읍시다. 그러면 노후에도 안심하고 살 수 있습니다." 이 우화는 원래 이런 교훈을 전하기 위한 것이었다.

베짱이는 굶어죽고 만다. 아니 여름 동물이라 그 전에 이미 얼어 죽었을 것이다. 그건 그렇다 치고, 그래서 베짱이가 개미보다 불행했을까?

끝이 좋으면 다 좋다는 말이 있다. 그럴지도 모른다. 개미가 아무리 힘들게 살았어도 노후에 따뜻한 곳에서 굶어죽지 않고(배불리 먹지는 못했겠지만. 음식의 저장량에는 한계가 있으니) 천수를 누린다면 괜찮은 삶이었다고 말할 수 있을지도 모른다.

그런데 베짱이는? 요즘 나는 베짱이가 자꾸만 생각난다. 월급을 대부분 옷에 쓰다가 정신 차려 보니 묏자리도 마련하지 못했고 실버타운 들어갈 돈도 모아 놓지 못했다. 그야말로 베짱이로 살다 보니 어느새 그럴 나이가 된 것이다.

하지만 잘 모르겠다. 그때는 그때 생각하련다. 남편은 라스베이거스에서 객사하는 게 꿈이라는데 정말 그 정도가 되면 아예 머리 깎고 절에 들어갈까 싶다(그런 심산이라면 받아주지도 않겠지만). 어쨌거나 아직 진심으로 대책을 세우지는 않고 있다.

그래서 사원들에게 나를 반면교사로 삼으라고 말하고 있다. 굳이 말하지 않아도 다들 똑똑하니 나처럼은 안 살겠지만 그렇다고 입사 2년차에 월급이 20~30만 원 올랐다고 '저축을 늘려야겠다!'라고 다짐하는 것도 한번 생각해 볼 일이다.

얼마 전에 사원들 중 그런 젊은이가 많아졌음을 알게 되었다. 그야말로 '잃어버린 20년'의 희생자들이다. 하지만 달마다 20만 원씩 10년 동안 저축해도 요즘은 이자가 거의 붙지 않으니 2,400만 원 정도가 남을 뿐이다. 차라리 그 돈으로 새로운 무언가를 배우는 게 낫지 않을까? 지금이 아니면 즐길 수 없는 것을 즐기는 게 낫지 않을까?(나에게는 그것이 패션이다. 이건 일에 별 도움이 되지 않으니 투자라는 이름의 낭비일 뿐이지만).

그러니 자신에게 투자하자. 장래가 불안하다면 현재의 자신에게 투자하자. **절약하기보다 수입을 늘리는 것이 훨씬 빠르다. 그것뿐만이 아니다. 그래야 과정도 훨씬 즐겁다.** 즉 인생의 목표를 행복해지기로 정하지 말았으면 한다. '~해진다'고 말하는 것은 지금은 그렇지 않다는 뜻이다. 그러면 안 된다. 인생은 현재의 축적이라고 하지 않았는가?

행복이란 목표가 아닌 상태다. 다시 말해, 지금 이 순간 행복한 것이 먼 미래에 행복해지는 것보다 훨씬 중요하다. 다행히도 지금 행복 모드로 전환하는 것은 그리 어렵지 않다. 앞서 말했다시피 인생은 해석이기 때문이다. 우리는 사실이 아니라 그 사실에 대한 해석만을 보고 듣고 체험할 수 있다.

결국은 물이 반쯤 담긴 컵 이야기와 같은 맥락이다. '반밖에 안 남았다'고 생각하느냐, '반이나 남았다'고 생각하느냐, 즉 어떻게 해석하느냐에 따라 행복감이 달라진다는 것이다. 참고로 개미나 베짱이 둘 중 하나를 택해야 한다면 나는 역시 베짱이를 선택하겠다.

개미 같은 사람들이 세상을 움직이고 진보시킨다는 사실을 잘 알고 있다. 물리적, 정신적 스트레스를 감당하며 매일 분골쇄신의 자세로 구미 및 중국 기업과 분투하는 사람들, 그들이 우리 사회를 주도한다는 것도 잘 안다. 그런 사람들에게 '일을 즐겁게 하라!'고 말할 수 있을지도 의문이다.

그래도 설사 내가 객사한다고 해도 불행한 인생이었다고 단정하지는 말았으면 한다. 'GDP에는 공헌하지 못했지만 그 사람 덕분에 재미있었다, 사는 게 즐거웠다'는 말을 듣는다면 최고가 아닐까!(나아가 '예뻤다'라는 말을 듣는다면 죽어도 여한이 없겠다! 아니다, 벌써 죽었구나. 죽고 난 후의 이야기였지!)

끝이 좋으면 다 좋다는 것도 맞는 말이다. 무척 힘들게 살다가 뒤늦게 행복을 찾았다면 그것도 훌륭한 일이다. 하지만 애지중지 길렀던 개가 갑자기 죽어서 슬픔에 빠졌다고 해서 함께 행복했던 시간까지 부정한다면 너무 삭막하다. 지금 아무리 힘들어도 과거의 행복했던 시간에 감사했으면 좋겠다. **과정이 좋으면 다 좋다. 그렇게 생각하자.** 지금 슬픔에 빠져 있는 사람에게 이 말을 해 주고 싶었다.

인터넷 기사에서 이런 글을 읽었다. "여성의 결혼을 보도하면서 '그녀는 행복을 붙잡았다'라는 말을 상투어처럼 쓰는데 남성에게는 이런 말을 안 쓰지 않는가? 시대착오적 발언으로 보인다."

그렇다. 얼마 전까지만 해도 결혼은 여성의 생활 보장, 육아의 안정성 확보를 뜻했다. 그것이 행복으로 여겨졌을 것이다. 또한 남성은 여성에게 '행복'을 주는 주체로서의 자기 존재감을 이런 발언으로 확인했을 것이다. 지금은 어떨까?

우리 회사 사원들을 보면 결혼으로 행복을 붙잡았다고 느끼는 사람들, 그리고 주변 사람들 눈에도 그렇게 보이는 사람들은 오히려 남성들인 것 같다.

사람은 자신만을 위해 힘을 낼 수 없다

'이 사람을 위해 힘을 내자'고 생각할 만한
누군가가 있다는 것은 큰 행운이다

'누군가에게 도움이 되고 있다'는 느낌이 일의 동기가 된다고 앞에서 썼는데 나는 디스커버를 설립한 지 딱 4년째 되던 해에 그 사실을 깊이 깨달았다.

슬슬 책을 만들어 서점에 공급한 결과 세 번째 책인『이 마음 전하고 싶어(このきもち伝えたい)』가 좋은 반응을 얻어(당시 거래 서점이 400곳에 불과해서 한계는 있었지만 매일 정신없이 추가 주문이 들어왔다) '이제 본격적으로 일할 수 있겠다!'라는 확신을 얻었고 21세기를 맞으며 (디스커버 트웬티원이니까) '연매출 10억 엔!'이라는 목표도 세웠다(나중 에 실현되었다!).

그렇게 전방에서 뛰어다니던 그때, 무슨 일인지, 나까지 포함하여 전부 5명이었던 임직원 중 3명이 한꺼번에 사표를 제출했다. 사정은 제각각이었고 그때 그만둔 3명 중 2명과 지금도 교류하고 있으니 사이가 벌어져 갈라서는 분위기는 아니었지만 그래도 다 내 부덕의 소치였으니 마음이 힘들었다. 단 5명이 있는 작은 회사여서 딱히 사장 역할을 한 것도 아니지만 나 나름대로 모두를 위해 애쓰고 있었다. 나만 생각했다면 예전의 둥지, 즉 여성지 업계로 돌아가는 편이 경제적으로도, 겉보기로도 훨씬 나았을 테지만 모두를 위해 버티고 있었다.

'나도 그냥 그만둘까? 결혼했고 집 대출도 없으니 생활이 힘들어지진 않을 테고.' 이런 생각도 했다. 3명에게서 사표를 받은 뒤 지금의 편집 담당 임원이자 내 오른팔로 활약하고 있는 후지타 군에게 가서 물었다.

"저기, 넌 어떻게 할 거야?" 당시 사무실은 하라주쿠의 아주 작은 2층짜리 목조 단독이었는데(거품 경제가 한창이어서 그런 곳의 평당 임대료가 지금의 롯본기힐즈 모리타워보다 비쌌다) 1층 거실 겸 주방을 창고로 만들어 우리가 직접 책을 발송하고 있었다(직거래라서 서점에서 주문을 받아 책을 직접 보냈다). 거기서 반품된 책의 커버를 교체하고 있던 도쿄대 출신의 편집 겸 영업 겸 제작 겸 발송 담당자 후지타 군은 일하던 손을 잠시 멈추고 책을 어루만지며 내게 이렇게 말했다.

"난 호시바 씨랑 둘만 남더라도 책을 계속 이렇게 만지며 지내고 싶어요."

그 말을 들은 순간 마치 번개를 맞은 것처럼 에너지가 충전되면서 용기와 투지가 솟아났다. 나는 맹세했다. 이 사람을 위해 다시 한 번 힘을 내자. 사람은 자신만을 위해서는 힘을 낼 수 없다. 다른 사람을 위해서만 초인적인 힘을 낼 수 있다. 이 사실을 처음 실감한 순간이었다.

지금 돌이켜보면 '그를 위해서'라는 건 나 자신에게 대는 구실이었을 뿐, 사실은 누군가를 위해 애쓰는 나 자신을 위했던 것인지도 모르겠다. 실제로 후지타 군을 의식하고 일을 열심히 한 것도 아니었다. 하지만 '이 사람을 위해 힘을 내자'고 생각할 만한 누군가가 있다는 것은 큰 행운이다.

만약 누군가를 돕는 일을 직업으로 삼고 있다면 혼자서도 충분히 열심히 할 수 있을 것이다. 그런 일에 종사하는 사람은 행복한 사람이다.

내 방에 걸린 두 개의 액자 중 하나에는 내가 좋아하는 말이 다음과 같이 쓰여 있다.

'혼자 꾸는 꿈은 그저 꿈이지만 다함께 꾸는 꿈은 현실이다.'

오노 요코의 말이다. 원문은 다함께가 아니라 together지만. 그리고 디스커버는 이 말대로 다함께 달려왔다. 앞으로도 그럴 것이다.

관점을 바꾼다, 내일을 바꾼다

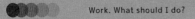

Work. What should I do?

관점을 바꾼다, 내일을 바꾼다
DIS+COVER, 커버를 벗기면
새로운 시야가 펼쳐지고 세상이 달라진다

디스커버 트웬티원의 편집 방침, 마케팅 방침, 사원 행동 지침은 미션과 정확히 일치한다. 즉 디스커버라는 말 그대로 DIS + COVER(커버를 벗김)다. 그런데 커버를 벗기려면 어떻게 해야 할까? 관점을 바꾸면 된다. 그래서 이런 표어를 내건 것이다. 그런데 이 표어가 사원과 독자들에게도 상당히 침투해 있는 듯하다.

관점을 바꾼다, 내일을 바꾼다. 사실은 바뀌지 않는다. 그러나 관점이 바뀌면 세상이 바뀐다. 사과를 떨어뜨린다고 볼 수도 있고 지구가 사과를 끌어당긴다고 볼 수도 있다. 태양이 돈다고 볼 수도 있고 지구가 돈다고 볼 수도 있다. 그 관점의 변화에 따라 이후의 과학, 그리고 우리의 생활이 크게 달라지지 않았는가.

과학의 위대한 발견은 대부분 이처럼 새로운 관점이 등장하면서 이뤄졌는데 사실은 사람 관계도 마찬가지다. 어느 순간 과거와는 전혀 다른 상대의 일면을 보고 그 사람에 대한 견해가 바뀌고 관계가 바뀌는 일이 종종 일어난다.

자기 자신에 대해서도 마찬가지다. 앞서 이야기했듯 과거 사건에 대한 해석(다시 말해 관점!)이 바뀌면 현재도, 과거도 바뀐다. 그리고 미래, 즉 내일도 바뀐다. 우리의 내일이 바뀌면 조직의 내일이 바뀌고 사회의 내일이 바뀐다. 그런데 어떻게 관점을 바꾸느냐가 문제다. 그래서 마지막으로 우리 나름의 관점을 바꾸는 방법을 이야기하고 싶다.

① 애초에 선입견 없는 영역의 일을 한다

바꾼다는 것은 원래 무언가 관점이 있었다는 뜻이다. 원래의 관점이란 일반적으로 과거의 상식, 믿음, 전례, 전제, 선입견 등을 말한다. 어려운 수학 문제를 풀게 된 순간, 신제품 기획이 나오는 순간, 획기적인 홍보 문구가 생각난 순간은 새로운 관점이 생겨나 기존의 틀을 넘어서는 순간이다.

그런 순간에 무언가 공통된 조건이 있을까? 그런 순간을 재현

할 수 있는 기술이 있을까? 디스커버가 중개를 배제한 직거래 출판사로 알려지자 사업 초기에는 취재가 많이 들어왔다(창업 이후 몇 년간은 디스커버 같은 회사에 관심을 갖는 미디어가 없었으므로 창업 후 몇 년이 지난 이번 세기의 일이긴 하지만).

선견지명이 있으셨네요! 어떻게 직거래를 생각하셨어요?

특별히 선견지명이 있었던 것은 아니다. 서점에 책을 공급하려면 그것밖에 방법이 없었다. 대형 출판사에서 일하며 인맥을 확보한 뒤에 독립했다면 몰라도 아무 연줄도 실적도 없는 신흥 출판사의 책을 취급해 줄 중개상이 없었던 것이다.

그래서 서점을 하나씩 돌며 "매월 와서 몇 권이 팔렸는지 세어 보고 팔린 만큼만 책값을 받을게요."라고 부탁하는 수밖에 없었다. 요즘에야 직거래에 대한 평가가 달라졌지만 당시 우리 회사는 업계의 별종, 즉 아무도 상대해 주지 않는 존재였다.

그래도 오래된 대형 서점들과 지방의 유명한 서점들은 기본적으로 출판의 다양성을 중시하고 문화를 견인한다는 자부심이 있었던 데다 일손도 충분하고 인프라도 어느 정도 정비되어 있었던 덕분에 우리 책을 받아 주었다.

그러나 그 외의 서점들은 만만치 않았다. 사실 직거래라서 청구서 작업이나 반품 작업을 따로 해야 했으므로 일손이 부족한 그들로서는 환영하기 어려웠을 것이다.

그래도 지금은 주요한 서점을 중심으로 전체 서점의 약 절반인 수천 곳과 거래하게 되었다. 이것은 오로지 영업사원들의 열정과 노력, 현장인 서점 관계자들의 도움, 그리고 사업 초기의 독특한 상품 덕분이었다.

처음 몇 년간은 CD 재킷과 비슷한 사이즈(128밀리미터×148밀리미터)의 CD 사이즈를 발간했다. 숨은 베스트셀러 작가이자 코칭의 일인자였던 이토 마모루 씨의 말을 편집한 책과 애독자 카드를 통해 받은 독자의 목소리(인터넷도 모바일도 없었던 때였다)를 정리한 책을 중심으로 하여, 100권 이상의 책이 수백만 부 판매되었다. CD 사이즈의 특징은 작은 크기와 적은 글자 수, 부드러운 일러스트 또는 자연스러운 사진이었다.

콘텐츠가 모자라 내가 이름을 내걸고 쓴 책도 2, 3권 있었다(그중 하나인, 지금은 절판된 『러블리 미(ラブリー・ミー―愛すべきあなたに伝えたい50のこと)』의 재고를 싹 사들여(?) 가까운 사람들에게 선물했다는 젊은 여성 경영자를 일전에 나고야에서 만났을 때는 정말 감격했다!).

당시 서점에 우리가 내걸었던 표어는 '서점을 찾지 않는 젊은 여성들을 서점으로 끌어들이는 디스커버'였다. 실제로 날라리 여

고생과 골반까지 바지를 내려 입은 남고생 커플이 서점 앞에 서서 '이거 괜찮다'며 CD 사이즈 책을 들여다보는 것을 보고 감동하기도 했다.

인터넷이 없었던 시대에 CD 사이즈는 사랑, 연애, 용기, 우정, 감사, 슬픔 따위의 마음을 표현하고 공유하는 매체가 되어 주었다.

그래서 인터넷이 보급되면서 그 역할을 다하기는 했지만 어쨌든 디스커버의 기반을 다져 준 고마운 시리즈다. 나중에 인터뷰를 할 때 이 시리즈에 대한 질문도 종종 받았다.

어떻게 CD 사이즈의 책을 낼 생각을 하셨어요?

이것도 일부러 생각해 낸 것이 아니다. 창업 당시 서점 쪽에만 연줄이 전혀 없었던 것이 아니었다. 아는 책 장정 디자이너도 전혀 없었다.

유일한 자원이 당시 직원의 지인이었다. 그래서 그녀에게 여백이 대부분이고 글자가 별로 없는 책(당시에도 미국의 선물 가게에는 그런 책이 많았다)의 원고를 디자이너에게 전달했더니 CD 사이즈의 디자인 안이 나왔을 뿐이다. 사실 그녀는 CD 재킷 디자이너였다!

영업사원이 그 책을 서점에 보여주었더니 '사이즈가 기존 책들과 달라서 받아 줄 수 없다'고 거절했다고 한다. 책 사이즈는 46배판, B6판, 문고판 등으로 정해져 있는데 CD 사이즈 책은 어디에도 해당되지 않는다는 것이다. 잡지 편집자였던 나는, 부끄럽게도, 46배판이라는 말을 그때 처음 들었다. 즉 CD 사이즈의 책이 만들어진 것은 서적 사이즈가 정해져 있다는 사실을 몰랐기 때문이다.

　　나도 직원들도 그 디자이너도 몰랐다! 틀을 깨고 커버를 벗길 수 있었던 것은 원래 틀도 커버도 갖추어지지 않았던 덕분이다. 참고로 CD 사이즈에 여백이 너무 많은 것도 서점의 거절 사유가 되었다. '이런 건 책도 아니다'라며 던져 버린 사람도 있었다고 한다. 지금이라면 '상품을 시장에 맞추자'라고 방향을 수정했을 것이다. 당시 그렇게 말하지 않고 '이걸 서점에 공급해서 독자에게 보내겠다'라며 나를 믿어 주었던 영업부장 오다(小田) 씨에게 새삼 감사할 뿐이다.

　　왜 그런 책을 생각해 냈느냐고 물어보면 이유는 똑같다. 잡지 편집자였던 내가 사람들이 그런 책을 좋아하지 않는다는 사실을 몰랐기 때문이다. 또 애독자 엽서의 독자의 목소리를 가지고 책을 몇십 권이나 만든 것도, 단순히 우리 같은 작은 출판사에 원고를 줄 저자가 없었기 때문이다(20세기까지만 해도 지금과는 달리, 상당히 대단하거나 유명한 사람만이 논픽션 저자가 될 수 있었다).

　　나중에 '비즈니스 서적을 쓸 신인 저자를 잘 발굴한다'는 말을 듣게 된 것도 별다른 능력이 있어서가 아니다. 그저 당초에는 그것밖에 수단이 없었기 때문이다. 아무것도 없이 출판사를 창업한다는 것은 거래할 서점, 원고를 줄 저자, 책을 디자인할 디자이너와 인쇄소 등 아무 자원도 없이 일을 시작한다는 의미였다.

아차, 묻지도 않은 말을 너무 길게 했나 보다. 관점을 바꾸는 제일 좋은 방법은 원래 선입관이 없는 영역의 일을 하는 것이다. 너무 직설적으로 말해서 미안하지만, 소위 전문 경영인이 식품회사 CEO도 하고 컴퓨터 회사 CEO도 할 수 있는 것과 같다. 업계 상식이나 지식은 없어도 경영의 본질을 알기 때문인데, 그 업계에 대해 거의 무지한 것이 오히려 강점이 된다.

② 전제를 의심한다

그런데 업계 상식과 지식을 벌써 다 알고 있는 사람은 어떻게 하면 좋을까? 그런 사람에게는 이렇게 말해 주고 싶다. 관점을 바꾸는 두 번째 방법은 전제를 의심하는 것이다. '과연 그 일의 목석은 무엇이었는가?' 라는 질문을 던져 원래의 목적으로 돌아가자.

만약 독자에게 첫걸음을 내디딜 용기를 주기 위해서라면, 반드시 위대한 심리학자가 쓴 두꺼운 책을 기획하지 않아도 된다. 형식은 만화여도 좋고 라이트노벨이어도 좋다. CD 사이즈처럼 넉넉한 여백과 부드러운 종이와 따스한 일러스트로 그 목적을 달성할 수도 있다.

'책이란 이런 것'이라는 전제, 전례, 상식을 의심하며 출발점으로 돌아가 원래의 목적을 되살리자. 그런 다음 다양한 선택지를 생각해 보고 그중 지금 할 수 있는 것, 그리고 되도록이면 이전에 없었던 것을 고르자.

나는 저자를 선택할 때도 이미 완성된 저자보다는 한 영역에서 훌륭한 전문가지만 저자로서는 무명인 사람을 발굴하기를 좋아했다. 디스커버에 다른 방법이 없었기 때문이기도 하지만, 실제로 콘텐츠를 만들 때도 그런 저자를 선택하여 신인의 강점을 살림으로써 이전에 없었던 관점으로 이전에 없었던 책을 만들어 낼 수 있다고 믿었기 때문이다.

추신

'왜 규격이 아니면 안 된다는 거지?'라는 의문을 품은 적이 있었다. 너무 크면 책장에 진열하기 어렵겠지만 오히려 작으니 별 문제가 안 된다고 생각했다. 그런데 나중에 살펴보니 중개상에서 보내 주는 박스에 책이 맞지 않아서 그랬던 게 아니었을까 싶다. 46배판도 문고판도 아니니 말이다. 그런데 다시 생각해 보니 직거래라서 전용 박스에 넣어 보냈는데? 응?

추추신

2년쯤 지났을 무렵, CD 사이즈가 아직 팔리고 있긴 했지만 그것만으로는 부족하다고 느껴 일반 사이즈의 책까지 다양하게 기획하기 시작했다.

그런데! 그렇게나 'CD 사이즈라서 못 받겠다'고 말하던 서점들이 이번에는 'CD 사이즈가 아니라서 못 받겠다, 안 받겠다.'라고 말하는 게 아닌가! 사람이 얼마나 습관을 바꾸기 싫어하는 존재인지, 얼마나 전례주의에 빠지기 쉬운지 절감했다.

어쨌든, 처음엔 거센 저항에 부딪쳤던 CD 사이즈가 2년 만에 정착되어, 여러 서점에서 "CD 사이즈의 책을 취급하고 싶다. 우리와 거래하자."라고 제안해 왔다. 모두 우리의 신간을 달마다 사서 읽어 주셨던 독자들 덕분이다.

③ 역행, 반발, 반골

관점을 바꾸는 두 번째 방법은 전제를 의심하고 원래의 목적으로 돌아가는 것이라고 말했다(첫 번째는 애초에 선입관이 없는 영역의 일을 하는 것!).

이번의 세 번째는 내가 언제나 쓰는(저지르는) 방법인데, 사실 옳은 방법인지는 잘 모르겠다. 바로 역행이다! 지금 유행하는 것, 모두가 하는 것, 생각하는 것을 반대로 거스르는 것이다. 사실 반대란 상당히 부드러운 표현이다. 반발이 정확한 표현일지도 모르겠다.

이것은 '안보 반대! 일왕 찬양 반대! 베트남 전쟁 반대! 제복 반대!'라는 식으로 무엇이든 반대하고 체제를 부정하는 것이 젊은이의 증거이자 멋이었던 시대에 어머니에게 반발하며 자란 나만의 문제일 수도 있다. '반골 정신'이라고 말하면 조금 나으려나?

하지만 지금 사회 일반에서도 '아니, 잠깐만. 그게 아닐지도 몰라'라며 정반대의 관점을 적용함으로써 상황을 정반대로 전환시키는 사례가 많다. 적어도, 어차피 미들 미디어인 출판계(초판 천부로 끝나는 책이 넘쳐나는 현실을 보면 아무래도 매스미디어는 못 된다)로서는, 대중 매체의 목소리에 묻히기 쉬운 소수파의 의견을 사회에 전달하는 것도 하나의 중요한 역할이다.

방송은 100만 명이 보아도 시청률이 낮다고 하지만 밀리언셀러 책은 출판사별로 몇 십 년에 한 번밖에 나오지 않는다. 신문 잡지에서 아예 상대도 안 해 주는 5만 부 단위의 책도 약간 딱딱한 장르일 경우 베스트셀러가 된다. 심지어 그 책이 몇 백만 명에게 '어? 이상하잖아'라는 생각을 불러일으킴으로써 아직 드러나지 않은 사회 과제를 환기시켰다면 부수의 몇 배 이상의 영향력을 사회에 미치게 된다. 영향을 미칠 만한 사람들에게 메시지를 직접 도달시키기 때문이다. 그 영향력을 생각하면, 무엇이든 무조건 반대할 수는 없다.

예컨대 암 치료에 대한 불신과 불만이 가득한 의사가 모든 암 치료를 부정하는 책을 낼 수 있느냐 없느냐는 출판하는 측이 그 의견에 찬성하느냐에 달려 있다.

아베 정권 초기의 경기 재부양 정책에 대해 나는 '어? 이것만이 정답일까?'라는 의문이 일어났다. 직관적인 반응이기는 했지만 반발이 생겨났다. 그때 오바타 세키(小幡績) 선생님이 『재부양은 위험하다(リフレはヤバい)』의 초고를 주셔서 곧바로 출간에 들어갔다. 그 주장에 대해서는 찬반양론이 있었지만 논의를 좀 더 활성화할 필요가 있다고 판단했기 때문이다. 정치적, 사상적으로 반발할 뿐만 아니라 모두가 미니스커트를 입을 때 굳이 롱스커트를 입고 검정색이 유행할 때 파스텔컬러를 활용하며 모두 미남 배우를 좋아할 때 혼자 코미디언을 좋아하는 식으로, 일부러 다수의 의견과는 반대되는 입장에서 생각해 보는 것이 나만의 기획 요령이다.

무엇을 내느냐가 아니라
무엇을 내지 않느냐

무엇을 말하느냐가 아니라 무엇을 말하지 않느냐

어쨌든 기획, 대책, 아이디어가 나왔다면 그 가부를 어떻게 판단할까? 혹은 여러 가지 중 무엇을 선택해야 할까? 이것은 그야말로 개인과 조직의 미션에 관련된 문제인데, 나는 그중 되도록 아름다운 것을 택해야 한다고 생각한다. 여기서 말하는 아름다움은 소위 예술적 아름다움이 아니다. 물론 디자인적으로 아름다운 것도 중요하지만 그보다 중요한 것이 윤리적 아름다움이다.

'윤리적 아름다움'은 요즘 자주 쓰는 말인 에티컬(ethical), 컴플라이언스(compliance), 시빌리티(civility), 에콜로지컬(ecological), 서스테이너블(sustainable) 등으로 바꾸어 생각해도 좋다.

사람의 행위로서 아름다운가?

회사의 모습으로서 아름다운가?

자연계의 일부로서 아름다운가?

아무리 논리적으로 정당한 방법이라 해도 조회수를 늘려 수익을 얻으려고 사람의 생사에 관한 정보를 활용해서는 안 되고, 외국 아동을 저임금으로 고용한다는 전제로 가격을 설정해서도 안 된다. 환경에 부하를 주고 환경을 착취하여야 성립되는 비즈니스 모델 또한 아름답지 않다. 그것은 회사의 모습으로서도 사람의 행위로서도 아름답지 않은 일이다.

사원에게 그런 일을 시키는 것 자체를 추악하게 느껴야 한다. 남의 아이디어나 동료의 업적을 훔치는 것도 아름답지 않다. 사내 정치에 열중하는 것도 아름답지 않다. 질투에 사로잡혀 동기를 험담하는 것도, 실패를 거짓으로 얼버무리는 것도 아름답지 않다. 그런 행동을 계속했던 사람에게 배어 있는 표정 또한 아름답지 않다. 물론 뚱뚱한 몸을 방치하는 것도, 불결한 것도, 자신의 스타일에 너무 무심한 것도 아름답지 않다.

이제 마지막으로 일을 아름답게 만들기 위해 내가 무엇을 중요하게 여기는지, 그 원칙을 여러분과 나누려 한다.

무엇을 내느냐가 아니라 무엇을 내지 않느냐.

무엇을 말하느냐가 아니라 무엇을 말하지 않느냐.

여기서 말하는 '무엇'이란 서적이다.

아무리 멋진 말을 말을 해도, 나중에 그 말과 완전히 모순되는 내용의 책을 쓴다면 그걸로 끝이다. 평소에 아무리 거창한 말을 쏟아내도 트위터에서 한 마디만 잘못 흘리면 본심을 들키고 만다.

우리는 평소에 무슨 일을 하고 무슨 말을 하느냐에만 신경을 쓰기 쉽다. 그러나 무엇을 말하지 않느냐에 그 사람의 인격이 드러난다. 여러분 역시 그것으로 상대를 판단하고 있을 것이다.

무엇을 말하느냐가 아니라 무엇을 말하지 않느냐.

무엇을 하느냐가 아니라 무엇을 하지 않느냐.

거기에 그 사람의 미학이 드러난다.

그리고 아름답지 않으면 일이 아니다.

디스커버에도 당연히 채용 기준이 있습니다(최근에 만들었지만). 그런데 여기서 채용이란 인재 채용만 말하는 것이 아닙니다. 책과 서비스, 영업 전략 등 기획을 선택하여 채용할 때도 같은 기준이 적용됩니다.

그것은 다음과 같습니다.

디스커버의 사람과 상품에는 신뢰가 있어야 한다.
디스커버의 사람과 상품에는 마음이 있어야 한다.
디스커버의 사람과 상품은 세련되고 기품 있어야 한다.
디스커버가 하는 일은 언제나 새로워야 한다.

스스로 말하기는 쑥스럽지만, '관점을 바꾼다, 내일을 바꾼다'는 표어를 만들었을 때처럼 순식간에 만든 채용 기준인데, 읊을 때마다 '하고 싶은 말이 거의 다 들어 있잖아'라고 자화자찬하게 됩니다(웃음). 진선미에 새로움의 가치를 더했다고 할 수 있겠네요(우연이지만!).

이 책의 영어 제목은 'No work, No fun', 즉 '일이 없으면 재미가 없다'입니다. 일본어 제목을 그대로 번역하면 'No fun, No work'가 되겠지만, 편집자 나카자토 씨가 거꾸로 하자고 제안하기에 그렇게 했습니다.

저는 분명 '일을 통해 인생을 즐기자'는 생각으로 반평생을 살았고 이 책에서도 그 메시지를 전하려고 노력했습니다.

서문에서, 제가 디스커버 투웬티원을 0→1, 1→10쯤 이끌어 왔다고 썼습니다. 10→100은 다음 사람에게 부탁하려 합니다. 그러나 저 나름의 'No work, No fun'은 아직 끝나지 않았습니다. 계속 이어나가고 싶습니다. 여러분과 함께 힘쓰며 사회에 가치를 돌려드리고 싶습니다.

마지막으로 감사의 인사를 드립니다. 이 책이 세상에 나올 수 있었던 것은 오로지 도요(東洋) 경제신보사 출판국 편집 제2부장이신 나카자토 유고(中里有吾) 씨와 대표이사 야마자키 다케토시(山崎豪敏) 씨 덕분입니다. 정말 감사합니다.

몇 년 전 처음으로 책 이야기가 나왔을 때 나카자토 씨는 젊은 편집자였고 야마자키 씨는 서적 출판국장이셨죠. 젊은 나카자토 씨의 제안을 받아들이셨는지, 야마자키 씨가 열렬한 러브레터를 보내주셨습니다. 정말 러브레터라는 말이 적합한 작업 의뢰서였습니다.

저는 작가에게 그런 의뢰서를 보낸 적이 없었고 우리 편집부에도 그런 전통이 없었으므로 편집부 전원이 돌려 보고 많이 배웠습니다.

그런데도 좀처럼 작업이 진척되지 않는 와중에 나카자토 씨는 편집장이 되셨고 야마자키 씨는 대표가 되셔서 아마도 저 따위에겐 관심이 없어졌겠지만 제가 올해 들어 뜻한 바가 있어 제멋대로 단숨에 끝내 버렸습니다.

끝낸 건 좋은데, 같은 업계에 있어 사정을 잘 아는데다 평소에 남의 원고에 대해 이러쿵저러쿵 말하는 게 직업인 만큼 남몰래 소심해질 때도 많았습니다(지금도 그렇습니다). 하지만 그런 저에게 나카자토 씨가 큰 용기를 주셨습니다. 그 후 일을 꼼꼼히 일을 처리하는 모습에서도 큰 배움을 얻었습니다. 정말 감사합니다.

이 책에는 제가 평소에 강연, 취재, 회사 설명회, 사내 연구회 등에서 했던 말들이 담겨 있습니다. 그런데 이렇게 정리하고 보니 그 근저에 저에게 디스커버라는 장, 기회를 열어 주셨을 뿐만 아니라 일본에 최초로 본격적인 코칭을 도입한 ㈜코치에이의 창업자, 또한 일본 최고의 이그제큐티브 코치인 이토 마모루 씨의 가르침이 면면히 흐르고 있는 것이 느껴져 새삼 더 기쁘고 감사합니다.

이 책의 제목이 '즐겁지 않으면 일이 아니다'인데, 제가 이토 씨를 만나고 처음 깨달은 것도 '인생은 즐거워서 좋다!'는 사실이었습니다. 전에도 잘 살고 있었지만 '재밌어지면 성장이 끝난다'고 생각해서인지 억지로 똑똑한 척(즉, 재미없는 척)을 한 적이 많았습니다.

비즈니스적 측면은 물론이고 개인적으로 오늘날 저라는 사람이 있는 것은 이토 씨 덕분입니다. 이 자리를 빌려 새삼 감사드립니다.

물론 그것은 창업 이래 오늘까지 인생을 걸고 저와 함께 해 주었던 사원 여러분 덕분이기도 합니다. 한 사람 한 사람의 이름을 여기서 다 부르고 싶지만 끝이 없을 것 같으니 이쯤 하겠습니다.

그리고 서점 관계자 여러분, 저자 여러분, 이 책 디자인까지 맡아 준 이노우에 신파치(井上新八) 씨를 비롯하여 도움을 주신 모든 분들, 그리고 디스커버를 지지해 주신 독자 여러분께 진심으로 감사합니다. 마지막으로, 당연히 지금 이 책을 읽어 주신 독자 여러분께 가장 큰 감사를 드립니다.

이 책을 읽기 잘했다는 생각이 조금이라도 든다면, 여러분에게 아주 작은 변화라도 일어났다면, 읽고 나서 아주 작은 행동이라도 새로 시도하게 되었다면 저자로서 무한히 기쁠 것입니다.

부디 많은 의견과 감상을 보내 주세요.
2019년 여름   호시바 유미코(干場弓子)

일 어떻게 할 것인가

초판 1쇄 인쇄 2021년 10월 27일
초판 1쇄 발행 2021년 11월 3일

지은이	호시바 유미코
옮긴이	노경아
펴낸곳	스노우폭스북스
편집인	서진
편집진행	강민경 성주영 박정아
마케팅	구본건 김정현 이민우
영업	이동진
디자인	강희연
주소	경기도 파주시 광인사길 209, 202호
대표번호	031-927-9965
팩스	070-7589-0721
전자우편	edit@sfbooks.co.kr
출판신고	2015년 8월 7일 제406-2015-000159
ISBN	979-11-91769-08-1 (03190)

• 스노우폭스북스는 여러분의 소중한 원고를 언제나 성실히 검토합니다.
• 이 책에 실린 모든 내용은 저작권법에 따라 보호를 받는 저작물이므로 무단 전재와 무단 복제를 금합니다.
• 이 책 내용의 전부 또는 일부를 사용하려면 반드시 출판사의 동의를 받아야 합니다.
• 잘못된 책은 구입처에서 교환해 드립니다.
• 책값은 뒷면에 있습니다.